股权纠纷 101 问

常亮 主编

李思　王一萍　副主编

華中科技大學出版社
http://press.hust.edu.cn
中国 · 武汉

图书在版编目（CIP）数据

股权纠纷101问 / 常亮主编. -- 武汉：华中科技大学出版社，2022.11

ISBN 978-7-5680-8844-2

Ⅰ. ①股… Ⅱ. ①常… Ⅲ. ①股权－经济纠纷－案例－中国 Ⅳ. ①D922.291.915

中国版本图书馆CIP数据核字（2022）第199777号

股权纠纷101问
Guquan Jiufen 101 Wen

常 亮 主 编
李 思 王一萍 副主编

策划编辑：郭善珊
责任编辑：张 丛
封面设计：沈仙卫
责任校对：刘小雨
责任监印：朱 玢
出版发行：华中科技大学出版社（中国·武汉） 电话：（027）81321913
武汉市东湖新技术开发区华工科技园 邮编：430223
录　　排：张 靖
印　　刷：湖北新华印务有限公司
开　　本：710mm × 1000mm 1/16
印　　张：15.75
字　　数：207千字
版　　次：2022年11月第1版第1次印刷
定　　价：42.00元

华中出版

本书若有印装质量问题，请向出版社营销中心调换
全国免费服务热线：400-6679-118，竭诚为您服务

《股权纠纷 101 问》编委会名单

主　编　常　亮

副主编　李　思　王一萍

编　委　（按姓氏拼音排序）

白慧婷　吕　娜　刘晓雪　连碧琦

李　殊　李　清　鲁　颖　孙博文

谢丽馨　赵博熙

序　言

世界不变的法则就是一切皆在变化。诺基亚、索尼等曾经颠覆别人的公司今天正在被别人颠覆，他们几乎在一夜之间褪去了光环，甚至巨额亏损被卖掉；国内企业围绕控制权的稀释与反稀释斗争也一直就没有停止过，从真功夫到俏江南，再到万科，创始人丧失企业控制权的惨痛教训不断上演。变化的世界，变化的时代，暗示着股权时代的到来！而值得注意的是，近年来有关公司股权纠纷现象越来越普遍，案件量也越来越多，公司股权纠纷更是体现了越来越多的技术含金量，当法律技术和商业技术更多地纠缠在一起，公司股权的复杂性和影响力日益提升，极大地影响着公司的健康发展。

在移动互联网时代，旧有的股权思维正在被全新的商业模式和资本思维颠覆，无论是企业老板还是高管，都应该补上股权这堂课。隐名股东如何确认股东资格；股东是否有权查阅制作公司会计账簿涉及的有关凭证；一方公司股东能否基于离婚协议将自己的公司股权转让给其妻子；董事、高管为存在同业竞争的公司谋取商业机会而所得的收入应当归谁；员工基于股权激励计划无偿受让的公司股权应当如何认定其性质……看似最常见的股权变动，可能隐藏着最容易被忽略的细节，人们可能因为缺乏基本法律知识而陷入纠纷。

因此，本书凭借着笔者多年的从业经验，梳理总结出 101 个与股权纠纷切实相关的问题，采用问答的形式，将看似晦涩的法条、理论以更加浅显、通俗的解读方式呈现在各位读者面前。

同时，为了增强本书的趣味性和可读性，达到“以案普法、以法维权”的目的，本书从股东资格纠纷、股东出资纠纷、股权转让纠纷、股东权利纠纷、婚姻继承与股权纠纷、股权激励纠纷等出发，覆盖从实体到程序的各个方面。每一章节都以小的知识点开始阐述，后引入典型案例，由律师对案例进行详细解读，并以相关法律条文结尾。这看似简要的体例和内容，是笔者多年法律实践的总结、梳理和提炼。希望本书能为读者在防范和化解股权纠纷，提高公司治理水平方面尽绵薄之力，也期待读者在阅读本书的过程中从各类案例中真切感受到公司股权的价值，全面了解公司治理的规则。

不足之处，欢迎指正交流。

2022 年 10 月于北京

目 录 CONTENTS

概　述

1. 什么是股权纠纷？

近年来，伴随着资本市场的活跃，股权纠纷也与日俱增，成为影响公司正常经营的关键因素。那么，到底什么是股权纠纷呢?

股权纠纷是指在公司运作过程中，股东之间或股东与非股东之间时常发生的股权争议。实践中，股权争议多由股东之间的利益争夺、公司法人治理结构的不完善、股东的盲目并购和不良并购、国家法律法规的不完善以及公司信息披露不充分等多方面原因所引起。

在司法实践中，常见的股权纠纷主要有以下四种类型。

第一，股权确认纠纷。股权确认纠纷实质上也是股东资格确认纠纷，是指股东与股东之间或者股东与公司之间就股东资格是否存在，或者具体的股权持有数额、比例等发生争议而引起的纠纷。在司法实践中，因股东资格而产生的股权确认之诉是较为常见的一种纠纷和诉讼。股东资格的认定问题主要存在于有限责任公司，而股份有限公司的股东资格以是否持有公司所发行的股票为认定标准，一般不存在争议。

第二，股东出资纠纷。股东出资是指公司股东在公司设立或增加资本时，按照法律规定、公司章程规定以及协议约定，向公司交付财产或履行其他给付义务以取得股权的行为。出资是股东对公司的基本义务，也是形成公司财产的基础。如果股东未按规定缴纳出资，或者虚假出资、出资不足、抽逃出资等，就可能引发公司与股东、股东与股东、股东与债权人之间的出资纠纷和诉讼，股东可能因此被起诉而依法承担继续履行、损害赔偿等违约责任。

股东资格确认纠纷如果再细化分类，还可以分为股东与公司之间的股东资格确认纠纷、股东与股东之间因出资产生的股东资格确认纠纷，以及股东与股东之间因股权转让产生的股东资格确认纠纷这三种类型。

第三，股权转让纠纷，是指股权在转让过程中所发生的纠纷的总称，股权转让的案件可以具体区分为几种不同类型的纠纷：1. 转让双方之间的股权转让合同纠纷；2. 涉及保护公司内部其他股东优先购买权的纠纷；3. 因转让瑕疵出资股权引起的纠纷；4. 隐名、显名股东转让股权引起的纠纷；5. 股权的善意取得纠纷。

第四，股东权利纠纷。公司股东享有股东身份权、参与决策权、选择和监督管理者权、资产收益权、退股权、知情权、提议、召集和主持股东会临时会议权、优先受让和认购新股权等多项权利。而股东权利纠纷就是指公司中的一个或多个股东，在拥有上述哪些权利和按什么方式、程序来行使权利过程中所发生的纠纷。

2 股权纠纷在哪个法院起诉？

向有管辖权的法院提起诉讼是案件得以顺利推进的基础，股权纠纷到底应该向哪个法院起诉，需要根据不同的情况来确定。

（1）双方可提前约定管辖法院

股权转让时，出让人和受让人一般会签订《股权转让协议》；在股权代持中，名义股东和实际出资人也会签订《股权代持协议》，双方在签订协议时，可以对未来产生纠纷由哪个法院管辖做出约定，不过，并不是约定任何一个法院都是有效的。

《中华人民共和国民事诉讼法》（以下简称《民事诉讼法》）第三十五条规定："合同或者其他财产权益纠纷的当事人可以书面协议选择被告住所地、合同履行地、合同签订地、原告住所地、标的物所在地等与争议有实际联系的地点的人民法院管辖，但不得违反本法对级别管辖和专属管辖的规定。"

如果协议双方约定的管辖法院不在上述范围内，或者双方仅约定"如有争议可向人民法院提起诉讼"，就属于约定不明，这样的约定没有法律效力，应当按照法定的管辖原则确定管辖法院。

（2）合同纠纷的一般管辖原则

因《股权转让协议》或《股权代持协议》产生的纠纷，实际上是合同纠纷的一种，应当适用合同纠纷的管辖原则。

《民事诉讼法》第二十四条规定："因合同纠纷提起的诉讼，由被告住所地或者合同履行地人民法院管辖。"核对原文我来为大家分别介绍一下被告住所地和合同履行地如何确定。

关于被告住所地的确定，如果被告是公民，住所地是被告的户籍所在地；如果被告是法人或者其他组织，住所地是被告的主要办事机构所在地。如果法人或者其他组织的主要办事机构所在地不能确定的，法人或者其他组织的注册地或者登记地为住所地。

那么，如何理解"合同履行地"呢？《最高人民法院关于适用〈中华人民共和国民事诉讼法〉的解释》（以下简称《民事诉讼法司法解释》）第十八条规定："合同约定履行地点的，以约定的履行地点为合同履行地。合同对履行地点没有约定或者约定不明确，争议标的为给付货币的，接收货币一方所在地为合同履行地；交付不动产的，不动产所在地为合同履行地；其他标的，履行义务一方所在地为合同履行地。即时结清的合同，交易行为地为合同履行地。合同没有实际履行，当事人双方住所地都不在合同约定的履行地的，由被告住所地人民法院管辖。”

也就是说，在没有约定合同履行地的情况下，请求对方支付股权转让款的，应当由接收货币一方所在地为合同履行地；请求确认股东资格，并依法办理工商变更登记的，公司一般是确认股东资格、办理工商登记的义务人，因此，股东资格确认纠纷中，公司住所地也就是合同履行地。

（3）法律规定的部分纠纷类型适用特殊地域管辖

《民事诉讼法》第二十七条规定：“因公司设立、确认股东资格、分配利润、解散等纠纷提起的诉讼，由公司住所地人民法院管辖。”根据《民事诉讼法司法解释》第二十二条规定，因股东名册记载、请求变更公司登记、股东知情权、公司决议、公司合并、公司分立、公司减资、公司增资等纠纷提起的诉讼，依照《民事诉讼法》第二十七条规定确定管辖。

（4）多个法院都对同一个案件有管辖权的情况

很多时候，存在多个法院都对同一个案件有管辖权的情况，这种情况下，应当向哪个法院起诉呢？

《民事诉讼法》第三十六条规定：“两个以上人民法院都有管辖权的诉讼，原告可以向其中一个人民法院起诉；原告向两个以上有管辖权的人民法院起诉的，由最先立案的人民法院管辖。”

第一章　股东资格纠纷

第一节　股东资格确认纠纷

3　股权确认纠纷怎么处理？

股权确认纠纷，也就是股东资格确认纠纷，如果再细化分类，大致可以分为股东与公司之间的股东资格确认纠纷、股东与股东之间因出资产生的股东资格确认纠纷以及股东与股东之间因股权转让产生的股东资格确认纠纷这三种类型。

股东资格的确定，对当事人是否为公司股东，是否应当享有股东权利并承担股东责任具有关键性的意义。那么，如何处理股权确认纠纷呢？

在司法实践中，可以按照纠纷所涉双方关系不同，分三种情况进行讨论：

第一，当纠纷涉及股东与第三人的外部关系时，应贯彻商事外观主义原则，保护外部善意第三人因合理信赖公司章程的签署、公司登记机关的登记、公司股东名册的记载而做出的行为效力，应要求工商登记的股东按登记的内容对外承担责任；

第二，当纠纷涉及公司与股东间的关系时，在确认股权时应以股东名册记载为准，对于实质上的权利人，虽然没有被记载在股东名册之中，但其已经在公司实际享有股东权利，或者其他股东对其身份予以认可的，其股东身份也应当予以确认；

最后，当纠纷涉及股东间的内部关系时，可以审查公司章程、股东名册、出资证明书、验资证明、工商股东登记、实际履行股东出资义务或者实际享有股东权利等相关事实来作为确认股权的依据。

4 确认股东资格和股东登记是什么关系？

众所周知，股东资格的取得，一般分为原始取得和继受取得两种。原始取得是通过向公司出资或者认购股份而取得股东资格，继受取得是通过受让、受赠、继承、公司合并等途径而取得股东资格。因股份有限公司的股东资格通常以是否持有公司发行的股票为准，较少有异议，故需要探究的一般是有限责任公司的股东资格认定问题。

很长一段时间以来，我国各界对股东资格认定标准这个问题莫衷一是。普遍认为要综合考虑各项相关因素，但以何种逻辑确定相关因素的权重有着不同的看法。司法实践中，也存在不同的裁判案例。直到《最高人民法院关于适用〈中华人民共和国公司法〉若干问题的规定（三）》（以下简称《公司法司法解释三》）出台并做出相关判例以后，该问题才得到解决。

《公司法司法解释三》第二十二条规定：“当事人之间对股权归属发生争议，一方请求人民法院确认其享有股权的，应当证明以下事实之一：（一）已经依法向公司出资或者认缴出资，且不违反法律法规强制性规定；（二）已经受让或者以其他形式继受公司股权，且不违反法律法规强制性规定。”《公司法司法解释三》第二十三条规定：“当事人依法履行出资义务或者依法继受取得股权后，公司未根据公司法第三十一条、第三十二条的规定签发出资证明书、记载于股东名册并办理公司登记机关登记，当事人请求公司履行上述义务的，人民法院应予支持。”

由此得出，通过《公司法司法解释三》相关规定，明确了股东出资或者认缴出资是确认股东资格的实质条件，即当事人之间对股权归属发生争议时，只要证明已经依法向公司出资或者认缴出资，且不违反法律法规强制性规定，即应确认其享有股权。而股东资格认定的形式要件是对股东已取得资格的确认，具体表现在公司章程、股东名册或者工商登记中对股东资格的记载。

以案说法（1-1）

以北京Z公司与X投资公司纠纷案为例。2010年7月30日，Z公司与X投资、XZ签订了《XZ增资扩股协议补充协议》，约定X投资出资4亿元设立项目公司（XZ），Z公司增资1亿元，取得20%股权。2010年7月19日，XZ依约将其应支付给Z公司的款项中的人民币1亿元划到XZ注册资金缴纳专用账户，作为Z公司的增资款。2012年6月Z公司在致XZ的函件中主张“我司对贵司的入资早已完成，涉及合作事项的有关协议均确认了我方在合作项目中的权益。请贵司完善董事会和日常经营管理决策机制，确保我方委派的董事参与贵公司的经营管理，以维护和体现我方的权益”。XZ不予配合，故成讼。

法院判决认为，Z公司已向XZ增资入股，成为XZ的股东。尽管尚未登记，但并不影响其积极参与公司的管理，行使股东权利，获得股东利益。所以，以未经登记为由否认Z公司已成为XZ股东的事实，是违背法律常识的。

《公司法司法解释三》第二十三条明确，当事人依法履行出资义务或者依法继受取得股权后，公司未根据《公司法》第三十一条、第三十二条的规定签发出资证明书、记载于股东名册并办理公司登记机关登记，当事人请求公司履行上述义务的，人民法院应予支持。可见司法解释已经设定了救济途径，即股东可以通过司法途径对公司提起诉讼，要求将其记载于股东名册并在登记机关为其办理登记。

第二节 股东名册记载纠纷

5 公司不履行股东名册记载义务怎么办？

置备股东名册是有限责任公司的法定义务，公司成立后，应当置备股东名册，公司发生股权转让后，公司也应当依法变更股东名册的内容。股东名册的内容并不能由公司自行决定，公司应当严格按照法律规定的内容、事项、范围记载。根据《中华人民共和国公司法》（以下简称"《公司法》"）第三十二条规定，有限责任公司应当置备股东名册，记载下列事项：（一）股东的姓名或者名称及住所；（二）股东的出资额；（三）出资证明书编号。记载于股东名册的股东，可以依股东名册主张行使股东权利。

公司的股东名册，在法律上会产生以下效力：第一，登记在股东名册上的股东，依法推定为公司股东，未记载于股东名册的股东，不能视为公司股东；第二，记载于股东名册的股东，可依股东名册的记载行使股东权利。之所以需要赋予股东名册推定效力，是由于在实践中普遍存在股权代持等情形。也就是说，在实际出资人与股东名册记载的股东不一致的情况下，以股东名册的记载为准，未记载于股东名册的隐名股东，不能直接主张行使股东权利。同时，如果出资证明书与股东名册记载不一致，亦以股东名册记载为准。在股权变更时，股东名册的变更可能会滞后于《股权转让协议》的签署时间，在股东名册记载变更前，新股东不能以《股权转让协议》对抗公司。

另外，股东名册应当与公司的工商登记状态保持一致，股权发生变更的，公司在变更股东名册记载的同时，应当尽快至市场监管局进行工商变更，工商登记具有公示效力，如果公司仅仅变更了股东名册，没有进行工商变更登记，则不能对抗第三人。

对于股东来说，记载于股东名册对行使知情权、分红权等股东权利至关重要。但在实践中，出于股东间纠纷或其他种种原因，很多公司怠于履行股东名册记载义务，使股东行使权力受阻。更有公司认为出资证明书、工商登记或生效法律文书足以证明股东的股权状态，无须再在股东名册上进行记载。实际上，即使出资证明书或调解书、判决书等法律文书中确认载明股东的持股比例和获得股东资格的时间，也不能代替股东名册，公司置备股东名册的法定义务并不会因此而免除。

如果公司没有置备股东名册或没有在股权变更后及时更新股东名册，股东首先应当保存好《股权转让协议》、股权对价支付凭证、出资证明书（如公司已向股东签发）等证明股权状态的证据，先行与公司协商，催告公司履行股东名册记载义务，并将协商过程通过录音、录像或保留短信、微信等电子数据的方式固定证据，向法院提起股东名册记载纠纷之诉，要求公司履行义务。

6 有限责任公司股东达上限后还能请求办理股东名册记载吗？

以案说法（1-2）

2002年1月1日，王某向A公司缴纳股本金5万元。同日，A公司向王某发放了股权证书，未在股东名册上记载。2011年7月13日，王某函告A公司，要求行使股东权利，查阅A公司股东会决议、财务会计报表及会计账簿等资料。A公司收函后以王某不享有股权为由，拒绝其请求。王某遂于2011年12月26日诉至法院，法院判决确认王某自2002年1月1日起已经是A公司的股东，依法享有股东知情权。A公司于2013年12月20日做出股东会决议，同意增加新股东，股东人数由8人增加至50人，公司注册资本增加至6.66亿元，并通过修改后的公司章程等事项。同日，A公司至工商部门办理了公司注册资本及股东等变更登记，但A公司仍未将王某作为新增加股东在股东名册上记载，并办理变更登记。王某遂诉至法院，请求法院判令A公司将其记载在A公司股东名册上并办理股东工商登记。

那么，有限责任公司股东达上限后还能否请求办理股东名册记载吗?

依照《公司法》第三十二条的规定，有限责任公司应当置备股东名册，记载于股东名册的股东，可以依股东名册主张行使股东权利。也就是说，一般情况下，公司应当将股东记载于股东名册。然而，《公司法》第二十四条规定："有限责任公司由五十个以下股东出资设立。"所以，有限责任公司股东人数的上限就是五十个人。出于种种原因，实践中经常会出现投资人已经履行了出资义务，但公司的股东人数已达上限而无法记载于股东名册并办理工商登记的情形。

实际上，公司的股东名册记载义务和办理工商变更登记的义务确实会因股东人数的上限而无法实际履行，基于《公司法》对有限责任公司股东人数上限的规定，在股东人数已经达到五十人的情况下，即使新股东已经完成出资，也不能记载于股东名册并办理股东工商登记。如果股东向法院提起股东名册记载之诉，法院一般会因其无法履行而驳回股东的诉请。想要突破股东人数的限制，公司就要改制为股份有限公司，但是，对于很多公司来说，这条路径并不现实。所以，在一般情况下，有限责任公司股东达上限后，股东就不能请求办理股东名册记载了。

不过，已完成出资义务的股东也不是完全无路可走。一种选择是做“隐名股东”，由已登记的股东代持股权，要注意，一定要签订完善的书面《股权代持协议》；二是由公司回购部分股东的股权，从而减少股东人数，这需要公司和其他股东的双重配合，一旦各方掣肘，这项选择就无法实现。除此之外，把股权转让给公司现有已登记的股东，拿钱退出，也不失为一种明智的收场方式。

我们可以看出，如果一家公司的登记股东人数已经达到了五十人，新加入的股东将会面临非常尴尬的两难境地。所以，在受让股权时，一定要提前对公司的基本情况进行摸底。另外，股权转让之后，要及时“催促”公司进行股东名册记载并办理工商登记。

7 登记的股东与股东名册记载的股东不一致时，如何认定股权权属？

以案说法（1-3）

W公司与S公司、赵某借款合同纠纷一案，法院作出民事调解书，该调解书的主要内容为：S公司于本调解书生效后5日内向W公司偿还信托贷款本金及利息。调解书生效后，S公司未履行，W公司向法院申请执行。法院向工商局调查S公司持有C银行股权情况，要求工商局协助公示该院对案涉股权的冻结事项。另外，法院向C银行调查S公司持有C银行股权情况。C银行向法院出具了《复函》，载明：经查询，S公司未持有C银行股权。

法院对案涉股权情况再次进行了调查。经调查核实，2015年12月30日，S公司与H公司签订了《股权转让协议》。该协议约定，S公司将其持有的C银行的股份转让给H公司。在法院冻结案涉股权之前，C银行的股东名册已将S公司变更为H公司，但未办理工商变更登记。

实践中这样的情况并不少见，股权转让之后，公司内部变更了股东名册记载，但是出于怠于履行登记义务等原因，没有办理工商变更登记，导致股东名册记载的股东与工商登记的股东不一致，那么，这种情况下，到底应当如何认定股权权属呢?

根据《公司法》第三十二条的规定，公司应当将股东的姓名或者名称向公司登记机关登记；登记事项发生变更的，应当办理变更登记。未经登记或者变更登记的，不得对抗第三人。这条规定针对的是有限责任公司，有限责任公司具有“人合+资合”的属性，股东应当进行登记。工商登记备案是对公司股权情况的公示，包括登记股东在内的第三人有权信赖登记机关登记的股权信息，因此，为了保护第三人的信赖利益，根据公示公信原则，对公司股权强制执行时，如果涉及公司内部股权关系，当事人可以通过协商解决，法院可以尊重当事人的意思自治；不过，一旦涉及外部关系的，必须按照登记备案的股东信息确定股权的归属。也就是说，股东名册属于公司内部经营管理文件，只会对公司内部发生法律效力，对公司以外的第三人不发生效力，所以，在有限责任公司股东名册的记载与工商登记的股东不一致的情况下，如果涉及外部第三人利益，只能以工商登记的股东为准。

股份有限公司的股权权属认定有所不同。股份有限公司是“资合性”公司，股权流动性比较大，股份有限公司的股东并不需要全部进行工商登记。依照《中华人民共和国市场主体登记管理条例》（以下简称《市场主体登记管理条例》）第八条的规定，有限责任公司股东或者股份有限公司发起人的姓名或者名称为公司必须进行登记的事项，对全部股东进行登记并不是股份有限公司的法定义务。所以，股份有限公司的股东信息并不适用登记对抗主义，在股东名册与工商登记不一致的情况下，股份有限公司的股权权属情况应当以股东名册的记载为准。

8 受让股权后没有被记载于股东名册应该起诉谁？

以案说法（1-4）

张某一直对股权投资比较感兴趣，2014 年，A 公司对外转让所持有的 B 公司的 20% 股权，张某得知消息后，立即与 A 公司进行洽谈，表示有意接受这 20% 的股权。随后，A 公司以书面形式通知了 B 公司其余的两名股东，但30天过去了，对方均未给予答复。A 公司就和张某签订了《股权转让协议》，以 50 万元的价格转让了 B 公司 20% 的股权。张某当上股东后，想办理工商变更登记，但被 B 公司拒绝。沟通未果，无奈下张某将 A 公司告到了法院。庭审过程中，A 公司认为张某应该起诉 B 公司。

毫无疑问，通过诉讼解决纠纷的前提条件是要找对被告，否则会付出更多不必要的成本，也会拖延案件的进展。那么，受让股权后没有被记载于股东名册而引发的股东名册记载纠纷之诉，到底应该起诉股权出让方还是公司呢?

在股权转让引发的股东名册记载纠纷中，往往会涉及三方主体，也就是股权出让方、股权受让方和公司。《股权转让协议》由出让方和受让方签订，股权转让价款、支付方式等各项权利义务都由双方协商约定，合同具有相对性，因此，其权利义务似乎只能约束作为合同双方的出让方和受让方，那么，如果股权受让方没有被记载于股东名册，是不是只能起诉作为合同相对方的股权出让方呢？其实不应该这样理解。归根到底，股权表明的是股东在公司的投资份额，是股东基于其股东资格享有的，从公司获得经济利益，并参与公司经营管理的权利，显然，公司并不能对股权转让事宜置身事外。更何况，有限责任公司的股东名册一般由公司置备并存放于公司，公司也是向登记机关申请变更登记的主体，股权出让方作为公司原股东，没有权利对股东名册进行记载，更无法代替公司办理股东变更的工商登记。

依照《公司法》第三十二条的规定，有限责任公司应当置备股东名册，公司应当将股东的姓名或者名称向公司登记机关登记；登记事项发生变更的，应当办理变更登记。也就是说，《公司法》明确了公司是置备股东名册和办理工商登记的义务人，在股东名册记载纠纷中，公司应当作为适格被告。

不过，很多人可能会问，既然股权出让方不是股东名册记载纠纷的适格被告，为什么起诉时以股权出让方作为被告仍然能够立案呢？实际上，起诉一般只需要符合四个条件：一是原告是与本案有直接利害关系的公民、法人和其他组织；二是有明确的被告；三是有具体的诉讼请求和事实、理由是属于人民法院受理民事诉讼的范围和受诉人民法院管辖。对于被告，仅要求原告能够提供被告准确的名称、住址、联系方式等信息，就可视为有明确的被告，在符合其他受理条件的情况下，人民法院应当立案受理，但是要注意，有明确的被告并不等于适格被告。被告主体是否适格，需要在案件审理过程中进行综合判断。如果被告不适格，法官会向原告释明，建议其申请变更适格被告，如果原告拒绝变更被告，法院则会判决驳回其起诉。这就是起诉时以股权出让方作为被告仍然能够成功立案的原因，但是，为了提高维权效率，降低维权成本，节省司法资源，起诉时应当尽量直接选择适格被告。所以，受让股权后没有被记载于股东名册而引发的股东名册记载纠纷之诉，应该将公司作为被告。

9 被冒名登记为股东，是否需对公司债务承担责任？

以案说法（1-5）

张某是A公司的一名普通员工，自2015年起一直在A公司工作，入职时向公司提交了自己的身份证复印件。2019年，A公司因为欠B公司的款项无法偿还，被B公司起诉至法院，张某等5人也以股东身份被列为被告，要求承担连带赔偿责任。原因是张某等5人是A公司股东且出资未实缴到位。张某觉得自己很冤枉，因为自己不知道自己什么时候成了A公司的股东。

那么，被冒名登记的股东是否需要对公司的债务承担责任呢？

《公司法司法解释三》第二十八条规定："冒用他人名义出资并将该他人作为股东在公司登记机关登记的，冒名登记行为人应当承担相应责任；公司、其他股东或者公司债权人以未履行出资义务为由，请求被冒名登记为股东的承担补足出资责任或者对公司债务不能清偿部分的赔偿责任的，人民法院不予支持。"

所以，根据法律规定，公司、其他股东向被冒名登记的股东主张补足出资责任，或者债权人要求被冒名登记的股东承担清偿责任的，不能得到法院的支持。也就是说，被冒名登记的股东依法不需要对公司的债务承担责任。

虽然法律规定十分明确，但这一类案件在实际处理时却有一定的难度。这是因为被冒名登记的股东已经是公司的登记股东，他的股东身份已经对外产生公示效力，被冒名者需要对自己是被冒名登记为股东的情况提供证据来证明。因此，对被冒名者来说，关键在于证明自己对于被登记为股东一事完全不知情。

尤其是对于自然人来说，办理工商登记时一般都需要提交个人身份证原件，而个人身份证原件如何被用于工商登记，这还需要被冒名者进行合理解释，否则被冒名者的主张很可能并不能被法院认可。

此外，登记过程中签署的一系列文件，如申请文件、公司章程、股东会决议、《股权转让协议》等，这些文件是否是由被冒名者本人签署，也是法院考虑的一个重要情况。因为，一旦法院认定其中一份或几份文件是“被冒名者”本人亲自签署的，至少可以说明“被冒名者”对自己被登记为公司股东的情况是知情的，冒名登记的诉求可能就不会被法院认可。在实践中，法院也会考虑一些其他因素，比如被冒名者与其他股东的关系、被冒名者的财产情况是否足以承担对公司的投资、被冒名者是否参与公司管理、是否参与分红等等，来综合判断被冒名者的“真伪”。

在不知情的情况下被卷入公司债务的冒名股东，当事人可以通过申请笔迹鉴定等方式，证明公司登记的相关文件都非本人签署，并提供特定时期内身份证遗失的证明以及本人从未作为股东参与公司经营决策、分红的相关证据，和公司债务“撇清关系”。

第三节 请求变更公司登记纠纷

10 请求变更公司登记纠纷适用诉讼时效吗？

以案说法（1-6）

L公司注册资本5000万，S公司占有95%的股份，陈某占有5%的股份，并担任法定代表人。2015年3月，因为S公司欠陈某1350万元，且为L公司开发项目之需要，S公司与陈某签订协议，协议约定陈某占有L公司25%的股份，S公司占有L公司75%的股份。协议签订后因为L公司业务开展不够顺利，S公司与陈某发生纠纷，因此该协议书签订后并未进行工商登记变更。2020年6月，S公司的委派代表实际掌控L公司并且掌握了L公司全部资质证件和公章，并且不配合将剩余20%的股权过户给陈某，由此发生诉争，陈某请求法院判决L公司配合办理工商变更登记。L公司认为，距陈某与S公司签订《股权转让协议》已过去五年多，早已超过了诉讼时效。

那么，请求变更公司登记纠纷是否适用诉讼时效的法律规定呢?

诉讼时效是指民事权利受到侵害的权利人在法定的时效期间内不行使权利，当时效期间届满时，债务人获得诉讼时效抗辩权。需要注意的是，超过诉讼时效并不意味着当事人丧失了这种权利，而是丧失了“胜诉权”，若义务人自愿履行义务仍然不受限制，并且在诉讼过程中法院不得主动适用超过诉讼时效的规定。通俗来说，在法定的诉讼时效期间届满之后，权利人才行使请求权的，如果对方因此抗辩，人民法院就不再保护债权人的权利了，大部分股权纠纷都适用我国民事法律诉讼时效的相关规定。

不过，诉讼时效只适用于债权请求权，债权请求权主要以财产利益为内容，不具有支配性，若权利人长期怠于行使权利，“躺在权利上睡觉”，就会使法律关系长期处于一种不确定的状态，不利于维护社会交易秩序的稳定，因此债权请求权适用诉讼时效的规定。

而股权确权纠纷、请求变更工商登记涉及股东身份性权利，不是以财产性利益为内容的债权请求权，所以，股权确权纠纷、请求变更公司登记纠纷并不适用诉讼时效的有关规定。即使股权转让已经超过三年，公司依法仍然有义务办理工商变更登记，在这种情况下，公司以超过诉讼时效进行抗辩，不会得到人民法院的支持。

11 向公司投入了资金，却没被登记为股东怎么办？

以案说法（1-7）

2018 年 3 月 11 日，A 汽车配件公司经过核准设立，注册资本 10 万元，张某为 A 公司唯一股东。同年 7 月 5 日，张某与叶某签订《股东合伙协议》，约定共同经营 A 汽车配件公司，总投资 30 万元，叶某与张某各出资 15 万元。协议签订后，叶某以出资装修的方式向 A 汽车配件公司投入资金 107043.13 元，但张某却拒绝叶某对 A 汽车配件公司参与经营管理并意欲剥夺叶某的股东资格，而且没有将叶某登记为公司股东，于是叶某提起了诉讼。

那么，如果出资人向公司投入了资金，却没被登记为股东，出资人该如何维权？对公司又会有哪些影响呢？

《公司法司法解释三》第二十三条规定："当事人依法履行出资义务或者依法继受取得股权后，公司未根据公司法第三十一条、第三十二条的规定签发出资证明书、记载于股东名册并办理公司登记机关登记，当事人请求公司履行上述义务的，人民法院应予支持。"根据上述规定，公司在经营管理过程中，应当置备股东名册，股东向公司投入资金后，公司应当履行向股东签发出资证明书、办理工商登记等义务。

在前面的案例中，叶某以成为A汽车配件公司股东的意思表示向其投入了资金，公司的唯一股东张某对此知情并认可叶某的意思表示，双方在此基础上签订了《股东合伙协议》，叶某投入公司的资金也被实际用于公司，叶某虽然没有 实际参与公司的管理，但这是由于张某的阻碍，而不是其自身不愿参与公司经营管理事务。

如果出资人已经履行了出资义务，根据法律规定，将股东姓名进行相应的工商变更登记是公司的法定义务。如果公司未依法履行法定的工商变更登记义务，股东有权提起诉讼来维护自己的权利，股东可以保留相关协议、出资款支付凭证等作为证据，向法院提起请求变更公司登记纠纷之诉。

除此之外，不依法履行工商登记的义务，公司可能会面临行政处罚。根据《市场主体登记管理条例》第二十四、四十六条的规定："市场主体变更登记事项，应当自作出变更决议、决定或者法定变更事项发生之日起30日内向登记机关申请变更登记。市场主体变更登记事项属于依法须经批准的，申请人应当在批准文件有效期内向登记机关申请变更登记。市场主体未依照本条例办理变更登记的，由登记机关责令改正；拒不改正的，处1万元以上10万元以下的罚款；情节严重的，吊销营业执照。"

12 股东名册对股东进行了记载，但股东出资行为有瑕疵怎么办？

以案说法（1-8）

A公司注册资本为100万元，股东为张某纬及冼某某。2019年1月25日，A公司的股东会通过决议，决定对A公司的注册资金增资400万元，并接纳卢某某、曾某和为A公司的新股东。但卢某某、曾某均未依法履行出资的义务，由此引发了纠纷。

广义上，股东的出资瑕疵，常常是指股东在公司设立或者增资过程中，存在未履行或未全面履行出资义务以及抽逃出资的行为。

根据《公司法》第二十八条的规定，股东应当按期足额缴纳公司章程中规定的各自所认缴的出资额。股东以货币出资的，应当将货币出资足额存入有限责任公司在银行开设的账户；以非货币财产出资的，应当依法办理其财产权的转移手续。股东不按照前款规定缴纳出资的，除应当向公司足额缴纳外，还应当向已按期足额缴纳出资的股东承担违约责任。

另外，《公司法司法解释三》第十六条规定："股东未履行或者未全面履行出资义务或者抽逃出资，公司根据公司章程或者股东会决议对其利润分配请求权、新股优先认购权、剩余财产分配请求权等股东权利做出相应的合理限制，该股东请求认定该限制无效的，人民法院不予支持。"第十七条第一款规定："有限责任公司的股东未履行出资义务或者抽逃全部出资，经公司催告缴纳或者返还，其在合理期间内仍未缴纳或者返还出资，公司以股东会决议解除该股东的股东资格，该股东请求确认该解除行为无效的，人民法院不予支持。"

也就是说，对于瑕疵出资的股东，公司有权要求其限期足额缴纳认缴的出资额；在此之前，公司可以对股东的权利设置合法合理的限制；股东未在规定公司催告的期间内补正出资行为的，公司有权解除该股东的股东资格，要求该股东承担违约责任。在前面的案例中，A公司起诉要求股东履行出资义务的诉讼请求也得到了法院的支持。

另外，《市场主体登记管理条例》第四十五条的规定："实行注册资本实缴登记制的市场主体虚报注册资本取得市场主体登记的，由登记机关责令改正，处虚报注册资本金额5%以上15%以下的罚款；情节严重的，吊销营业执照。

实行注册资本实缴登记制的市场主体的发起人、股东虚假出资，未交付或者未按期交付作为出资的货币或者非货币财产的，或者在市场主体成立后抽逃出资的，由登记机关责令改正，处虚假出资金额5%以上15%以下的罚款。"

由此可知，对于实行注册资本实缴登记制的有限责任公司股东来说，瑕疵出资的股东除了会面临民事纠纷外，也存在在被行政处罚的法律风险。

公司从事经营活动，必须遵守法律、行政法规，遵守社会公德、商业道德，诚实守信，股东也是如此。

13 股权转让款没有支付到指定账户，能要求公司变更登记吗？

以案说法（1-9）

李某持有A公司30%的股权，因个人原因，李某决定退出A公司，李某的朋友王某受让了这部分股权，与李某签订了《股权转让协议》，协议约定了李某持有的A公司30%的股权转让价格为300万元，并在协议中指定了转款的账户。不过，李某和王某此前也曾有过资金往来，王某就顺手转到了从前有过资金往来的账户中了。后来，李某不承认王某已经支付了股权转让款，对于王某的转款，李某主张这笔款项并没有转至指定账户，因此不是股权转让款，而是偿还借款。王某非常气愤，因其从未向李某借过钱，王某就提起了诉讼，要求A公司进行股权变更登记。

那么，股权转让款没有支付到《股权转让协议》中指定的账户，能要求公司变更登记吗?

尽管《股权转让协议》签订的目的的确是约束双方全面按照合同约定履行合同义务，但是，如果因受让方没有把股权转让款支付到指定账户，就简单否定其支付股权转让款的事实，显然是不合理的，股权受让方的权利难以得到保障。实际上，签订《股权转让协议》后，即使没有将款项支付到《股权转让协议》中约定的账户，但仍然能通过转款数额、转款时间等因素综合认定股权转让款已支付，就可以认定已经履行了支付股权转让款的义务，公司有义务进行股权变更工商登记。

为避免将来可能会发生的纠纷，在受让股权时，应当尽量将股权转让款支付至《股权转让协议》约定的指定账户，如果因为种种原因没有转款到指定账户，有两个方法可以进行“补救”：一是尽量在转款的时候备注“受让X公司XX%股权的转让款”；二是转款之后可以进行确认，比如可以发微信说一句“王总，我受让您的某公司30%股权的300万股权转让款转到您某某账户了，您注意查收一下。”这样，就可以证明受让方已经履行了支付股权转让款的义务，可以要求公司进行工商变更登记。

除此之外，即使受让方真的没有支付股权转让款，也并不是必然不能进行股权变更登记。如果《股权转让协议》约定“本协议自双方签字/盖章起生效”，那么，只要双方签字或盖章，协议就已经生效，如果股权转让没有侵犯其他股东的优先购买权，受让方就有权要求公司配合办理工商变更登记。如果受让方拒绝支付股权转让价款，股权出让方可向法院提起诉讼，要求受让方履行协议约定的付款义务，但公司仍有义务履行工商变更义务。

如果《股权转让协议》约定的是“本协议自受让方支付股权转让价款之日起生效”，如果受让方拒不付款，《股权转让协议》就没有生效，公司没有配合办理工商变更登记的义务。

第四节 股权代持纠纷

14 什么是股权代持？

随着市场交易日趋灵活，股权代持的情况在我国企业中并不少见，伴随而来的是股权代持纠纷的频发。我国《公司法司法解释三》中的第二十四条、第二十五条设置了相关规则。

股权代持又称委托持股、隐名投资或假名出资，是指实际出资人与他人约定，以他人名义代实际出资人履行股东权利义务的一种股权或股份处置方式。股权代持需要签订《股权代持协议》，有限责任公司的实际出资人与名义出资人订立合同，约定由实际出资人出资并享有投资收益，以名义出资人为名义股东设立公司。从形式上而言，名义股东是公司股东，享有股东权利、承担股东义务；实际出资人没有股东身份，没有直接的股东权利或义务。

股权代持既涉及实际出资人与名义股东之间的法律关系，又涉及实际股东、名义股东与公司之间的法律关系，还涉及实际股东、名义股东与公司外第三人之间的关系。

实际出资人与名义股东之间的法律关系属于当事人意思自治的范畴，如果双方之间产生争议，如果可以证明双方之间存在股权代持关系，至少实际股东的出资应从债权角度上得到确认。

对于实际出资人来说，股权对实际出资人来讲往往比因代出资产生的债权更为重要，但实际出资人能否取得股权，要看公司对其代持股事项是否知情。如果公司和公司的其他股东知道实际出资人的存在，实际出资人也以自己的名义参与了公司的经营，行使了股东的权利，在这种情况下，公司和公司其他股东不能再以维护公司稳定性为由，不承认实际出资人的股东身份。如果公司和公司其他股东对实际出资人股权代持事项并不知情，那么公司和公司其他股东为维系公司法律关系的稳定和保护其他股东的利益，可以不承认实际出资人的股东身份。

但是如果涉及公司外第三人时，当股权被名义股东擅自出让，实际股东无权以名义股东未取得其同意为由进行抗辩，同样，当名义股东因出资不实或其他原因被追讨股东责任时，也无权以自己不是实际股东为由进行抗辩。另外，当第三人有正当理由不知晓工商登记的内容并视实际股东为股东，则实际股东不得以非登记股东为由进行抗辩。

在了解股权代持涉及的法律关系后，实际出资人可以按照下面几步进行股权代持，以确保自己的合法利益不受损失。

第一，代持行为应得到其他股东的认可。根据《公司法》的规定，有限责任公司的股东转让股权，在同等条件下，其他股东有优先购买权。因此，股权不能私相授受。股权代持应该得到其他所有股东的认可，一个可行的操作方式是由其他股东在《股权代持协议》上签字。

第二，约定可能发生的股权调整或稀释的方式。有新的股东或投资人进入，可能导致被代持股权的调整或稀释，需要在《代持协议》中约定被代持股权调整或稀释的方式，避免这些行为发生时引起争议。

第三，约定显名的条件。《代持协议》中需要约定结束代持的条件，符合结束代持的条件时，即通过变更工商注册登记将隐名股东变更为显名股东。

15 没有书面《股权代持协议》，仅凭资金往来能否成立股权代持关系？

在实际出资人与名义出资人纠纷中，实际出资人想要维护自身的合法权益，依靠的关键证据往往是双方之间书面《股权代持协议》。那么如果双方之间没有书面《股权代持协议》，仅凭资金往来能否确认成立股权代持关系呢?

以案说法（1-10）

2018年，刘某与王某达成合意，由王某代刘某持有A公司股权，刘某向王某账户汇入5138.16万元，王某在收到该款项汇入A公司银行账户，用于在该公司的股权出资及增资。后刘某希望“显名化”，王某却不配合，刘某即向法院提起诉讼。刘某出具银行资金划转凭证，证明其为登记在王某名下的A公司股权实际出资人，其与王某之间为代持股关系，请求确认其为股权所有人，王某配合办理相应的股权变更登记手续等。但一审法院未予支持，刘某不服提起上诉，二审法院判决驳回上诉，维持原判。

在大多数情况下，仅凭向显名股东的汇款凭据无法确认股权代持关系、确认股东资格。因为，资金往来性质存在多种可能性，比如委托投资、共同投资、赠与、借款、还款等等，很难判断资金往来背后实际发生的事实及当事人之间的真实意思表示。在前面的案例中，银行资金划转凭证仅能够证明存在资金流转关系，但是没有提交双方建立委托关系或者代持股关系的协议的直接证据。也就是说，仅凭转账凭证的间接证据未能形成完整的证据链，不具有排他性，举证不具有优势，不能证明双方对代持股权形成委托关系或者代持股关系形成了共同意思表示，或者其间实际形成了事实上的代持股份关系，在没有《股权代持协议》的情况下，除转账凭证外，还需聊天记录、录音录像等其他证据进行证据补强。

由此可知，书面的《股权代持协议》，在没有法律规定的无效情形时，是认定双方之间成立股权代持法律关系的直接证据。如果实际出资人无法向法院提供其他证据证明双方之间存在股权代持合意的，实际出资人请求法院认定双方成立股权代持法律关系的，很难得到法院的支持。所以，在建立代持股关系时，应当签署书面的《股权代持协议》，将双方权利义务在协议中约定清楚，以最大程度降低代持股带来的法律风险。

16 隐名股东如何确认股东资格？

因为多种原因，有些实际出资人并不愿意将自身名字登记在公司股东名册和公司工商登记事项上，而是通过与名义股东签订委托持股协议的方式，间接享有股东权利，并不直接参与公司管理，这就为隐名股东的权益保护埋下隐患。当隐名股东想要从“幕后”走到“台前”、想要将自己的名字登记在公司股东名册和公司工商登记上，成为公司的显名股东时，往往会遭到名义股东的阻拦，那么隐名股东该如何确认其股东资格?

《公司法司法解释三》第二十四条规定："有限责任公司的实际出资人与名义出资人订立合同，约定由实际出资人出资并享有投资权益，以名义出资人为名义股东，实际出资人与名义股东对该合同效力发生争议的，如无法律规定的无效情形，人民法院应当认定该合同有效。

前款规定的实际出资人与名义股东因投资权益的归属发生争议，实际出资人以其实际履行了出资义务为由向名义股东主张权利的，人民法院应予支持。名义股东以公司股东名册记载、公司登记机关登记为由否认实际出资人权利的，人民法院不予支持。

实际出资人未经公司其他股东半数以上同意，请求公司变更股东、签发出资证明书、记载于股东名册、记载于公司章程并办理公司登记机关登记的，人民法院不予支持。

根据上述我国《公司法司法解释三》的相关规定，隐名股东确认其股东资格，应当经其他股东半数以上同意，否则法院不予支持。

以案说法（1-11）

赵某为Z科技公司40%股权的实际出资人，该部分股权由第三人金某代为持有。赵某根据其与金某签订的《股权代持协议》，向法院起诉主张认为其持有Z科技公司40%的股权，即赵某为该部分股权的实际出资人，要求Z科技公司向公司登记机关办理前述股权变更登记。在该案的审理过程中，金某确认涉案40%的股权系其代赵某持有，赵某为该比例股权的实际出资人。Z科技公司的其他股东、第三人杨某在庭审中明确表示不同意赵某成为公司股东，Z科技公司亦不同意办理股东变更登记手续。

一审法院经审理后作出判决：对于赵某要求Z科技公司将登记在金

某名下的Z科技公司40%股权办理工商变更登记过户至赵某名下的诉讼请求，不予支持。宣判后，Z科技公司不服提起上诉。二审法院判决驳回上诉，维持原判。

法院认为，当事人约定以一方名义出资（显名投资）、另一方实际出资（隐名投资）的，该约定对公司并不产生效力。实际出资人不得向公司主张行使股东权利，只能首先提起确权诉讼。《公司法司法解释三》第二十四条第三款规定，隐名股东主张变更股东、要求公司签发出资证明书、记载于股东名册、记载于公司章程及要求办理工商登记的，应当经过公司其他股东过半数的同意。在隐名股东无法提供公司其他过半数股东同意的相关证据下，即使该隐名股东是涉案股权的实际出资人，对于其要求公司办理股东工商变更登记的诉讼请求，法院不予支持。

17 隐名股东实际经营公司、分取红利，确认股东资格是否还需经其他股东同意？

在股权代持关系中，如果隐名股东实际经营公司、分取红利，那么，确认改隐名股东的股东资格是否还必须要经其他股东同意呢？我们结合以下案例来进行分析。

以案说法（1-12）

2011年6月26日，原告（乙方）与第三人邓某建（甲方）、曾某梅（丙方）签订《房地产合作开发协议》，协议约定由三方共同投资开发某县公安局原看守所宗地，三方因此共同成立某县B房地产开发有限公司（以下简称“B公司”），并且三方均对公司享有经营管理权和分红权。

在 2011 年 8 月 12 日 B 公司办理了工商营业执照，登记股东只有邓某建和邓某玲（代原告持有股权）夫妻二人。2011 年 10 月 17 日邓某建、邓某玲分别将其手上的股权转让给蒋某发，并办理了变更登记。原告为维护自身合法权益，以 B 公司为被告依法提起诉讼，请求确认股东资格并享有 B 公司 26% 的股权。

本案中，法院最终认定了原告的股东资格身份，并没有经过 B 公司其他股东过半数以上的同意这一程序。我们来看看法官为什么这样判?

根据《公司法》第三十二条第二款规定："记载于股东名册的股东，可以依据股东名册主张行使股东权利"由此可以看出，认定股东资格的标准就是股东名册，股东名册是股东依法相应股东权利的合理依据。2020 修订的《公司法司法解释三》的第二十四条中规定："有限责任公司的实际出资人与名义出资人订立合同，约定由实际出资人出资并享有投资权益，以名义出资人为名义股东，实际出资人与名义股东对该合同效力发生争议的，如无法律规定的无效情形，人民法院应当认定该合同有效。前款规定的实际出资人与名义股东因投资权益的归属发生争议，实际出资人以其实际履行了出资义务为由向名义股东主张权利的，人民法院应予支持。名义股东以公司股东名册记载、公司登记机关登记为由否认实际出资人权利的，人民法院不予支持。实际出资人未经公司其他股东半数以上同意，请求公司变更股东、签发出资证明书、记载于股东名册、记载于公司章程并办理公司登记机关登记的，人民法院不予支持。"

由《公司法司法解释三》的规定可知，实际出资人即隐名股东请求公司办理变更登记需要有公司其他股东半数以上的同意票。对此，司法实践给出了不同的裁判意见。具体到本案中，法院认为原告和第三人邓某建、曾某梅签订的《房地产合作开发协议》实际是设立公司的合同，该合同系三方当事人的真实意思表示，合法有效。虽然公司在工商登记的股东并没有原告，但实际上，原告一直参与公司经营管理，并且享有公司的分红，可知公司知晓并认可原告股东代表的身份，据此可以认定原告的股东资格和原告享有B公司26%的股权。

综上所述，根据该案例及相关法律规定，当有足够的证据可以证明隐名股东为公司股权的实际出资人，公司及公司的其他多数股东对于名义出资人与隐名出资人的关系知情，并且实际参与公司的经营管理、参与公司分红的，可以不经过公司其他股东的同意，请求法院依法确认其股东资格身份。

18 股权被法院强制执行，隐名股东能否提出异议？

在实践中，越来越多的隐名股东纷纷“现形”，站出来主张自己的合法权益，那么问题来了，法院对此是什么态度呢？当股权被法院强制执行时，隐名股东能否提出异议？

《中华人民共和国民法典》（以下简称《民法典》）第六十五条规定，“法人的实际情况与登记的事项不一致的，不得对抗善意相对人。”

《公司法》第三十二条第三款规定，“公司应当将股东的姓名或者名称向公司登记机关登记；登记事项发生变更的，应当办理变更登记。未经登记或者变更登记的，不得对抗第三人”。

基于商事外观主义基本原则，为了维护交易安全，法律规定相对人基于对登记外观的信任而做出的交易决定是值得信赖的。由此可见，当申请执行人为股权交易的相对人时，为了优先保护相对人的信赖利益，此时隐名股东提出的异议，法院不予支持。

那么当申请执行人为非股权交易的相对人时，隐名股东提出的执行异议，能否得到法院支持呢？

在司法实践中，存在两种观点。一种是《民法典》第六十五条中“善意相对人”和《公司法》第三十二条第三款中的“第三人”不包括非股权交易的相对人。持这种观点的人认为，外观主义原则运用于交易领域，非交易场合大多不得运用外观主义，并且例外情形也不常见，根据《公司法司法解释三》第二十五条的规定，“股权善意取得制度的适用主体仅限于与名义股东存在股权交易的第三人。”基于此，隐名股东对非股权交易的申请执行人提出的执行异议，法院应予支持。

另一种是，《民法典》第六十五条中的“善意相对人”和《公司法》第三十二条第三款中的“第三人”是包括了非股权交易的相对人。持有这种观点的人认为，虽然一般而言，外观主义，一般适用于因合理信赖权利外观或意思表示外观的交易行为，但这并不意味着对交易之外领域适用的绝对排除，特别是在金融领域的股权代持行为，本身具有规避国家管控政策的行为目的，其方式存在不正当性，具有法律和社会价值上的可非难性，不应得到司法支持。基于此，隐名股东对非股权交易的申请执行人提出的执行异议，法院不予支持。

笔者支持第二种观点，即《民法典》第六十五条中的“善意相对人”和《公司法》第三十二条第三款中的“第三人”包括了非股权交易的相对人。从公共秩序的角度出发，相对人基于对公示信息而做出的交易行为，不仅提高了市场交易的效率，促进市场经济的发展，同时也彰显其了对公示信息的信任，有利于树立公权力的权威，进而有利于建立起良好的公共秩序。

综上所述，如果股权被法院强制执行，隐名股东提出执行异议的，法院不应支持。

第二章　股东出资纠纷

第一节　股东虚假出资纠纷

19　股东虚假出资后，应该承担什么责任？

股东虚假出资是指公司股东表面上出资而实际未出资或未足额出资的情形。其本质特征是股东未支付相应对价或未足额支付对价而取得公司股权，导致公司未能实际使用出资款项进行经营。这种虚假出资行为本质上是对公司和其他股东的一种欺骗行为，也不利于公司的设立运营及长远发展。

实践中，股东虚假出资主要表现为以下几种情形：（1）股东以无实际现金或高于实际现金的虚假银行进账单、对账单骗取验资报告，从而获得公司登记；（2）股东以虚假的实物投资手续骗取验资报告，从而获得公司登记；（3）股东以实物、工业产权、非专利技术、土地使用权出资，但并未办理财产权转移手续；（4）股东提供的作为出资的实物、工业产权、非专利技术、土地使用权的实际价额显著低于公司章程所定价额；（5）单位股东设立公司时，为了应付验资，将款项短期转入公司账户后又立即转出，公司未实际使用该款项进行经营等。

那么，对于虚假出资的股东，应该承担相应的民事责任、行政责任，情节严重构成犯罪的，还将承担相应的刑事责任。

其中，虚假出资将承担的民事责任包括以下几种。

（1）向公司补交相应出资及法定利息。依据《公司法司法解释三》第十三条第一款规定："股东未履行或者未全面履行出资义务，公司或者其他股东请求其向公司依法全面履行出资义务的，人民法院应予支持。"因此，股东的虚假出资行为侵害了公司的法人财产权，虚假出资股东应当向公司补交相应的出资及法定利息。

（2）对其他足额缴纳出资股东承担违约责任。《公司法》第二十八条第二款规定："股东不按照前款规定缴纳出资的，除应当向公司足额缴纳外，还应当向已按期足额缴纳出资的股东承担违约责任。"即要对其他按期足额缴纳出资的股东承担违约责任。

（3）对公司债权人承担在未出资本息范围内的补充赔偿责任。《公司法司法解释三》第十三条第二款规定："公司债权人请求未履行或者未全面履行出资义务的股东在未出资本息范围内对公司债务不能清偿的部分承担补充赔偿责任的，人民法院应予支持。"因此虚假出资的股东还应对公司债权人承担在未出资本息范围内的补充赔偿责任。

除了上述民事责任，虚假出资的股东还将面临罚款的行政处罚：根据《公司法》第一百九十九条规定，公司的发起人、股东虚假出资，未交付或者未按期交付作为出资的货币或者非货币财产的，由公司登记机关责令改正，处以虚假出资金额百分之五以上百分之十五以下的罚款。

如果虚假出资的情节严重，虚假出资的股东还将承担刑事责任。如果公司股东违反《公司法》的规定未交付货币、实物或者未转移财产权，虚假出资，数额巨大、后果严重或者其他严重情节的，构成虚假出资罪。《刑法》第一百五十九条规定："公司发起人、股东违反公司法的规定未交付货币、实物或者未转移财产权，虚假出资，或者在公司成立后又抽逃其出资，数额巨大、后果严重或者有其他严重情节的，处五年以下有期徒刑或者拘役，并处或者单处虚假出资金额或者抽逃出资金额百分之二以上百分之十以下罚金。单位犯前款罪的，对单位判处罚金，并对其直接负责的主管人员和其他直接责任人员，处五年以下有期徒刑或者拘役”。

综上，不难看出，对于虚假出资的股东，轻则面临民事违约责任或补充赔偿责任，重则将面临行政罚款，甚者还将构成犯罪。与此同时，股东虚假出资对公司债权人、公司本身运营和公司管理法律秩序等都具有巨大的危害性。因此，公司股东应当依法履行出资义务，助力公司长远发展；而公司则应当做好股东出资合规稽查，及时识别虚假出资情形，并及时要求虚假出资股东补足出资，防患于未然。

20 虚假出资股东能否行使对其他股东的除名表决权？

公司是股东之间在意思自治和《公司法》规制下的契约结合体，因此股东和公司都应当受这份契约的约束，而这份契约形式上表现为公司章程，也是受《公司法》所调整的。对于股东来说，在公司的存续过程中，股东始终应恪守并全面实际履行出资义务，否则构成对其他守约股东合理期待和公司有序经营治理的破坏，进而构成对公司契约和《公司法》规定的股东义务的违反。

为了规制股东的出资义务，《公司法》设立了股东除名制度：“根据《公司法司法解释三》第十七条第一款规定：“有限责任公司的股东未履行出资义务或者抽逃全部出资，经公司催告缴纳或者返还，其在合理期间内仍未缴纳或者返还出资，公司以股东会决议解除该股东的股东资格，该股东请求确认该解除行为无效的，人民法院不予支持”。也就是说，法律赋予了公司以股东会决议的方式对未履行出资义务及抽逃出资股东解除其股东资格的权力。

股东除名制度的目的，在于通过剥夺股东资格的方式，惩罚不诚信股东，维护公司和其他诚信股东的权利。那么，其他同样到期未出资或抽逃出资的股东是否有权就该决议行使除名表决权呢?

以案说法（2-1）

2009 年，洪某、刘某和张某三人合意成立了甲公司，注册资本 50 万元。成立之初，三人均实缴了各自的出资，公司也正常经营。后来甲公司于 2015 年 2 月修正的公司章程载明：甲公司注册资本增加为 300 万元，股东包括洪某、刘某和张某，其中刘某及洪某各出资 135 万元，张某出资 30 万元，均需要在 2016 年 12 月 31 日之前（增资）到位。但事实上，三人都没有在规定日期之前履行实缴出资义务。

后来，洪某和刘某关系恶化，洪某擅自拿走了甲公司公章，而刘某则私自转移了公司账户的现有资金。于是，洪某提议召开股东会，会议内容为审议关于股东刘某抽逃全部出资并在公司通知后的合理期限内仍未归还，对其进行股东除名进行表决。参会的股东有洪某和张某，刘某并未出席。股东会决议载明，“鉴于股东刘某在公司经营过程中存在利用职务之便抽逃全部出资及侵占公司财产的行为，并经公司催告在合理期限内仍未偿还的，参与股东会成员一致表决同意解除刘某股东资格，公司后期协助相关变更登记手续”。刘某不服，向法院提起诉讼，要求确认该决议无效。

一审法院认为，该起诉行为系甲公司向刘某发出的催告，但刘某未在合理期限内返还出资，故甲公司向刘某发出了召开股东会通知书，履行了通知义务，并按期召开股东会作出决议，该决议内容不违反法律规定。现刘某要求确认决议无效于法无据，该院不予支持。

刘某不服，遂提起上诉。二审法院认为，本案的争议焦点为：案涉股东除名决议的效力应如何认定?

二审法院认为，案涉股东除名决议的作出和内容于法无据，于实不符，应属无效。一方面，“解除权”仅在守约方手中，违约方并不享有解除的权利。本案中，甲公司的所有股东在公司成立时存在通谋的故意，沆瀣一气，全部虚假出资，恶意侵害公司与债权人之权益。但就股东内部而言，没有所谓的合法权益与利益受损之说，也就谈不上权利救济。即洪某、张某无权通过召开股东会的形式，决议解除刘某的股东资格，除名决议的启动主体明显不合法。另一方面，案涉股东除名决议认定刘某抽逃出资，事实上甲公司包括刘某在内的所有股东在公司设立时均未履行出资义务，属于虚假出资，故该决议认定的内容亦有违客观事实。

二审法院认为，刘某关于洪某、张某无权作出除名决议的上诉理由成立，应予支持，故改判认定决议无效。

通过本案可以看出，法院认为虚假出资或抽逃全部出资的股东本身亦非诚信守约股东，其行使除名表决权缺乏合法性基础，背离了股东除名制度的立法目的，所以该除名决议应认定为无效。

21 虚假出资的新增股东对公司旧债应否承担责任？

如果公司新加入的股东存在虚假出资问题，那么，该新增股东是否要对其加入之前的公司债务承担责任呢？我们结合以下案例来进行分析。

以案说法（2-2）

1998 年 5 月 22 日，XC 公司与 XN 中行签订借款合同，约定借款人民币 398 万元用于生产经营，借款利率为 7.26‰，借款期限为一年。借款到期后，XC 公司未能按期清偿借款本息。2002 年 8 月 26 日，XC 公司召开股东会，一致通过决议，新增股东 GX 公司，其以实物第 0502097 – 0502101 号房地产权证项下。

2004 年 6 月 25 日，XN 中行与广州 XDB 公司签订《债权转让协议》，将 XN 中行享有的借款合同、抵押合同项下的债权，一并转让给广州 XDB 公司。广州 XDB 公司受让债权后，XC 公司一直未清偿债务。广州 XDB 公司提起诉讼，要求 XC 公司和 GX 公司承担连带清偿责任。

另查明，XC 公司在 GX 公司以实物出资前已经第 0502097 – 0502101 房地产权证项下的房产，故 XC 公司新增注册资本 13600 万元与事实不符。

现广州 XDB 公司要求 GX 公司对 XC 公司在 1998 年 5 月 22 日欠下的债务承担清偿，那么作为 2002 年 8 月 26 日才加入 XC 公司的 GX 公司是否应当承担清偿责任?

《公司法》第一百七十八条规定："有限责任公司增加注册资本时，股东认缴新增资本的出资，依照本法设立有限责任公司缴纳出资的有关规定执行。股份有限公司为增加注册资本发行新股时，股东认购新股，依照本法设立股份有限公司缴纳股款的有关规定执行。"《关于金融机构为企业出具不实或者虚假验资报告资金证明如何承担民事责任问题的通知》（以下简称《通知》）第一条规定："出资人未出资或者未足额出资，但金融机构为企业提供不实、虚假的验资报告或者资金证明，相关当事人使用该报告或者证明，与该企业进行经济往来而受到损失的，应当由该企业承担民事责任。对于该企业财产不足以清偿债务的，由出资人在出资不实或者虚假出资金额范围内承担责任。"

根据《公司法》第一百七十八条的规定，新增股东应当依法按期履行足额出资的义务。根据《通知》的第一条的规定，股东未依法履行出资义务或者虚假出资的，严重损害债权人利益的，新增股东应当在出资不实或者虚假出资金额范围内承担责任。依据法人人格独立的原则，法人以其独立的财产对公司债权人承担清偿责任，股东不负有对公司债权人承担清偿责任的义务；但当公司新增股东不履行出资义务、虚假出资，滥用法人人格独立原则，损害公司债权人利益时，公司背后的股东负有向公司债权人履行清偿责任的义务。本案中，经法院查明，GX公司出资的房产其实早就是XC公司的固有财产，GX公司并没有履行其相应的出资义务。GX公司在没有履行出资义务的情况下，享有XC公司的股东权益，违背了其在XC公司增资协议中的承诺，导致XC公司承担民事责任能力下降。现XC公司的财产无法清偿广州XDB公司的债权，GX公司虚假出资的行为，已实质损害了广州XDB公司的合法权益，导致广州XDB公司的债权无法实现，GX公司应当在其出资范围内对广州XDB公司承担补充清偿责任。

综上所述，新增股东未依法履行出资义务或者虚假出资的，严重损害债权人利益的，新增股东应当在出资不实或者虚假出资金额范围内承担责任。

22 以土地使用权出资，但未办理变更登记，行政机关能否以虚假出资为由对其行政处罚？

《公司法》第二十七条第一款规定，“股东可以用货币出资，也可以用实物、知识产权、土地使用权等可以用货币估价并可以依法转让的非货币财产作价出资；但是，法律、行政法规规定不得作为出资的财产除外。”只要相应的土地使用权可以用货币评估作价、依照法律规定可以转让，股东可以用土地使用权出资。以国有划拨土地使用权出资的，股东必须要经过相关部门的批准和授权，否则该土地使用权不可作为企业财产对外承担任何责任。

根据《民法典》第二百零九条第一款的规定，“不动产物权的设立、变更、转让和消灭，经依法登记，发生效力；未经登记，不发生效力，但是法律另有规定的除外。”因此，我国民法上对物权变动采用公示公信的原则，变更、转让物权的应当依法登记。根据《公司法》第二十八条的规定，“股东应当按期足额缴纳公司章程中规定的各自所认缴的出资额。股东以货币出资的，应当将货币出资足额存入有限责任公司在银行开设的账户；以非货币财产出资的，应当依法办理其财产权的转移手续。股东不按照前款规定缴纳出资的，除应当向公司足额缴纳外，还应当向已按期足额缴纳出资的股东承担违约责任。”因此，以土地使用权出资的股东应当依法办理变更登记，未经登记的，不发生效力，土地使用权仍然属于股东。

股东以土地使用权出资，但未办理变更登记的，属于未交付作为出资的非货币财产，当公司债权人无法将该未办理变更登记的土地使用权作为公司财产实现债权，违背了《公司法》设立注册资本的目的，严重侵害了公司和债权人的利益，符合虚假出资的构成要件。根据《公司法》第一百九十九条及《市场主体登记管理条例》第四十五条规定，“公司的发起人、股东虚假出资，未交付或者未按期交付作为出资的货币或者非货币财产的，由公司登记机关责令改正，处以虚假出资金额百分之五以上百分之十五以下的罚款。”如果股东出现前述情况，公司登记机关有权责令股东改正，股东应当办理变更登记，或者采取用其他等值财产出资代替土地使用权作为实缴的资本，或者退出公司，公司也可以通过降低注册资本的方式维护自身的合法权益。同时，公司登记机关有权对股东进行一定的处罚的权利，罚款标准参考股东虚假出资金额的百分之五以上百分之十五以下。此处的虚假出资金额一般参考公司的注册资本和股东以土地使用权认缴出资的比例，而不是土地使用权的现实价值。

第二节　股东抽逃出资纠纷

23 如何认定股东是否构成抽逃出资？

公司人格独立和股东有限责任是《公司法》中的两个重大原则。其中，公司人格独立主要表现为公司有独立的法人财产，以其全部财产对公司的债务承担责任；而股东有限责任表现为有限责任公司的股东以其认缴的出资额为限对公司承担责任，股份有限公司的股东以其认购的股份为限对公司承担责任。因此，股东的出资作为公司重要的法人财产组成部分，是公司得以有效运营和存续的重要经济基础。

抽逃出资是指股东在向公司履行了出资义务后通过虚假财务会计报告虚增利润进行分配、虚构债权债务关系、利用关联交易等方式未经法定程序而将出资抽回，却仍保留股东身份和原有出资数额的行为。

我国《公司法》第三十五条规定"公司成立后，股东不得抽逃出资"。《公司法司法解释三》第十二条规定："公司成立后，公司、股东或者公司债权人以相关股东的行为符合下列情形之一且损害公司权益为由，请求认定该股东抽逃出资的，人民法院应予支持：（一）制作虚假财务会计报表虚增利润进行分配；（二）通过虚构债权债务关系将其出资转出；（三）利用关联交易将出资转出；（四）其他未经法定程序将出资抽回的行为。”

因此，构成股东抽逃出资需要符合以下条件：

第一，行为主体是公司发起人或者股东；

第二，抽逃出资发生在公司成立之后。如果抽逃出资行为发生在公司成立前，即公司发起人、股东已实际出资，在经过资产评估机构、验资机构评估、验资并出具评估、验资证明文件以后，在公司登记成立以前，那么则属于虚假出资。

第三，抽逃出资通常表现为：制作虚假财务会计报告虚增利润进行分配、虚构债权债务关系、利用关联交易转出等行为方式。

但需要注意的是，并非股东所有的抽回出资情形就是《公司法》所禁止的“抽逃出资”。《公司法》中关于股东抽回出资的正当情形有以下几种。

《公司法》第七十四条规定：“有下列情形之一的，对股东会该项决议投反对票的股东可以请求公司按照合理的价格收购其股权：（一）公司连续五年不向股东分配利润，而公司该五年连续盈利，并且符合本法规定的分配利润条件的；（二）公司合并、分立、转让主要财产的；（三）公司章程规定的营业期限届满或者章程规定的其他解散事由出现，股东会会议通过决议修改章程使公司存续的。自股东会会议决议通过之日起六十日内，股东与公司不能达成股权收购协议的，股东可以自股东会会议决议通过之日起九十日内向人民法院提起诉讼。”

《公司法》第一百七十七条规定：“公司需要减少注册资本时，必须编制资产负债表及财产清单。公司应当自作出减少注册资本决议之日起十日内通知债权人，并于三十日内在报纸上公告。债权人自接到通知书之日起三十日内，未接到通知书的自公告之日起四十五日内，有权要求公司清偿债务或者提供相应的担保。”

根据以上法律规定，股东可以在对股东决议持异议时要求公司收购其股权，也可以在公司减资时根据减资情况收回相应的出资。这些情形都会导致股东出资抽回，是具有正当化事由的，并非股东未经法定程序的抽逃出资。

最后，需要提醒大家，股东抽逃出资，属于违法犯罪行为，这不仅侵犯了公司的利益，而且可能侵犯公司以外第三人如公司债权人的利益，因此法律严令禁止，情节严重的还构成犯罪。

24 股东抽逃出资后，应当承担怎样的法律责任？

公司成立后，已经出资的股东以制作虚假财务会计报表虚增利润进行分配、通过虚构债权债务关系将其出资转出、利用关联交易将出资转出和其他未经法定程序将出资抽回的行为，属于《公司法》规定的抽逃出资行为，这些行为不仅损害公司权益、公司其他股东以及公司债权人的利益，也是《公司法》明令禁止的违法行为。另外，《公司法》对公司注册资本实行认缴制，不要求必须实缴，这样虽然一方面方便了公司的成立，一元钱也可以成立公司，但是另一方面，也为抽逃出资提供了可乘之机。为了维护市场的稳定，保护公司的健康发展，必须严厉打击抽逃出资的行为。我们接下来就来讨论一下，股东抽逃出资将会承担怎样的法律责任?

首先，抽逃出资的股东对内应当分别对公司和其他股东承担相应的民事责任。

对于公司来说，公司有权要求抽逃出资的股东及时补足出资并还本付息。根据《公司法司法解释三》第十四条第一款规定："股东抽逃出资，公司或者其他股东请求其向公司返还出资本息、协助抽逃出资的其他股东、董事、高级管理人员或者实际控制人对此承担连带责任的，人民法院应予支持。”

同时，根据《公司法司法解释三》第十六条规定："股东未履行或者未全面履行出资义务或者抽逃出资，公司根据公司章程或者股东会决议对其利润分配请求权、新股优先认购权、剩余财产分配请求权等股东权利作出相应的合理限制，该股东请求认定该限制无效的，人民法院不予支持。”

第十七条也规定了："有限责任公司的股东未履行出资义务或者抽逃全部出资，经公司催告缴纳或者返还，其在合理期间内仍未缴纳或者返还出资，公司以股东会决议解除该股东的股东资格，该股东请求确认该解除行为无效的，人民法院不予支持。”也就是说，公司可以根据公司章程或者股东会决议对抽逃出资股东的利润分配请求权、新股优先认购权、剩余财产分配请求权等股东权利做出相应的合理限制，甚至可以通过股东会决议解除该股东的股东资格。

同时，第十四条也规定了“股东抽逃出资，公司或者其他股东请求其向公司返还出资本息、协助抽逃出资的其他股东、董事、高级管理人员或者实际控制人对此承担连带责任的，人民法院应予支持。”也就是说，对于其他股东来说，如果其他股东有协助抽逃出资情形，那么，对于协助抽逃出资的其他股东、董事、高级管理人员或者实际控制人，应当对股东抽逃出资行为承担连带责任。如果其他股东已经完全履行或者部分履行了相应的出资义务，那么公司其他已经按约全面出资的股东还可以根据股东会决议或公司章程等相关规定，要求抽逃出资的股东承担违约责任。

其次，抽逃出资的股东对外还要向公司债权人和可能涉及的股权受让人承担相应的民事责任。对于公司债权人来说，抽逃出资的股东需要在其抽逃出资的本息范围内对公司债务承担补充赔偿责任；对于知情或者应当知情的股权受让人来说，如果抽逃出资的股东转让股权，受让人明知其抽逃出资，仍然接受股权转让的话，受让人需要承担连带责任，即需要对公司承担补足出资责任，同时需要对债权人承担补充赔偿责任。

除了上述民事责任，抽逃出资的股东还将承担行政责任。《公司法》第二百条规定了“公司的发起人、股东在公司成立后，抽逃其出资的，由公司登记机关责令改正，处以所抽逃出资金额百分之五以上百分之十五以下的罚款。”股东的行为受公司登记机关的监管，公司登记机关可以对抽逃出资的股东做出责令改正和罚款的处罚。不过现行《公司法》只对实行注册资本实缴制公司中股东的抽逃出资行为进行行政处罚。

最后，抽逃出资的股东还将承担刑事责任。根据《刑法》第一百五十九条规定：“公司发起人、股东违反公司法的规定在公司成立后又抽逃其出资，数额巨大、后果严重或者有其他严重情节的，处五年以下有期徒刑或者拘役，并处或者单处抽逃出资金额百分之二以上百分之十以下罚金。”与行政责任类似，抽逃出资罪只适用于实行注册资本实缴制的公司中股东的抽逃出资行为。

25 经公司决议收购股东所持股权，是否构成抽逃出资？

《公司法》规定股东不得抽逃出资，但公司法并不禁止股东在公司成立之后以合法形式退出公司，其中一种合法的退出方式就是公司回购股权。

《公司法》第七十四条规定了以公司回购股权的形式退出公司的情形：“有下列情形之一的，对股东会该项决议投反对票的股东可以请求公司按照合理的价格收购其股权：（一）公司连续五年不向股东分配利润，而公司该五年连续盈利，并且符合本法规定的分配利润条件的；（二）公司合并、分立、转让主要财产的；（三）公司章程规定的营业期限届满或者章程规定的其他解散事由出现，股东会会议通过决议修改章程使公司存续的。自股东会会议决议通过之日起六十日内，股东与公司不能达成股权收购协议的，股东可以自股东会会议决议通过之日起九十日内向人民法院提起诉讼。

同时，最高人民法院关于适用《中华人民共和国公司法》若干问题的规定（二）（以下简称《公司法司法解释二》）第五条也规定了公司解散之诉中的回购权："人民法院审理解散公司诉讼案件，应当注重调解。当事人协商同意由公司或者股东收购股份，或者以减资等方式使公司存续，且不违反法律、行政法规强制性规定的，人民法院应予支持。当事人不能协商一致使公司存续的，人民法院应当及时判决。经人民法院调解公司收购原告股份的，公司应当自调解书生效之日起六个月内将股份转让或者注销。股份转让或者注销之前，原告不得以公司收购其股份为由对抗公司债权人。"

那么，除了上述法定情形，公司与股东可以在其他法定情形下签订协议而由公司回购股东股权吗？是否会认定为是变相抽逃资金？

以案说法（2-3）

甲公司由叶某、陈某和黄某共同出资设立，其中叶某出资 100 万，陈某出资 250 万，黄某出资 150 万。公司成立以后正常经营，两年后，公司为开发新项目而召开股东会，股东会决议进行内部增资扩股，因公司股东叶某表示异议，公司股东会做出决议，决议决定公司与其签订《股权转让协议》，约定公司回购叶某所持 10% 股权。但事后因公司经营困难，拒绝履行剩余股权转让款的义务，股东叶某将甲公司诉至法院。甲公司提出抗辩，认为这份《股权转让协议》属于抽逃出资，应属无效。

那么，公司股东会做出决议，与公司股东签订协议收购股东所持公司股权，是否违反《公司法》第三十五条关于股东不得抽逃出资的规定呢?

本案一、二审判决认为: 甲公司股东会决议和公司股东叶某签订的《股权转让协议》合法有效，叶某据此要求甲公司继续履行《股权转让协议》、支付剩余股权转让款的诉讼请求成立，应当予以支持。而且考虑到有限责任公司的人合性，叶某与甲公司签订《股权转让协议》履行之后，有利于甲公司的正常经营发展。甲公司应当且有条件及时安排其他股东受让叶某转让的股份或者履行减资手续，以保护公司债权人的利益。股权转让或者注销之前，叶某不得以公司收购其股份为由对抗公司债权人。

甲公司不服二审判决，向最高人民法院提出再审申请。但最高人民法院审查后认为，本案的股东会决议以及《股权转让协议》，不违反《公司法》第三十五条关于“抽逃出资”的规定，驳回了甲公司的再审申请。

由此可见，既然《公司法》允许公司与股东在公司解散诉讼案件中，协商由公司回购股东股份，以打破公司僵局，使公司保持存续而免遭解散，那么也应当允许公司与股东在公司僵局形成之初、股东提请解散公司之前，就协商由公司回购股份以打破公司僵局、避免走向公司解散诉讼，符合《公司法》的立法原意。因此，公司股东会做出决议，与公司股东签订协议收购股东所持公司股权，并不违反《公司法》第三十五条关于股东不得抽逃出资的规定，虽然与《公司法》及相关司法解释规定情形不完全一致，但符合立法的原意和目的，应当认定股东会决议以及《股权转让协议》有效。

26 如何避免股东向公司借款被认定为抽逃出资？

《公司法》第三十五条规定“公司成立后，股东不得抽逃出资”。

而在公司正常经营的实践中，经常会出现公司股东向公司借款的情况。但因为公司与股东的借贷关系和抽逃出资的行为边界容易混淆，如果处理不当，很有可能会被认定成是股东抽逃出资。那么，当股东与公司之间存在借贷关系时，如果公司或公司债权人要求借款股东承担抽逃出资责任时，法院会如何考量实际情况来判断到底是否构成“抽逃出资”呢?

我们先来看看法律是如何规定的?《公司法司法解释三》第十二条规定：“公司成立后，公司、股东或者公司债权人以相关股东的行为符合下列情形之一且损害公司权益为由，请求认定该股东抽逃出资的，人民法院应予支持：（一）制作虚假财务会计报表虚增利润进行分配；（二）通过虚构债权债务关系将其出资转出；（三）利用关联交易将出资转出；（四）其他未经法定程序将出资抽回的行为。”

同时，《公司法司法解释三》第二十条规定：“当事人之间对是否已履行出资义务发生争议，原告提供对股东履行出资义务产生合理怀疑证据的，被告股东应当就其已履行出资义务承担举证责任。”

以案说法（2-4）

丙公司为甲公司的合法债权人，债权数额经生效裁判确认为2297.1万元。

甲公司于2012年10月31日成立，注册资本5000万元，其中乙公司持股比例为80%。2012年11月2日，甲公司验资成功并转入了注册资金3000万元。但甲公司与乙公司存在大量资金往来，2012年11月14日、2013年3月29日，甲公司分别向乙公司转入2000万元、1150万元；2013年1月8日、2013年4月2日、2013年4月9日乙公司向甲公司分别转入1000万元、300万元、850万元。

丙公司一审诉至人民法院，要求乙公司在2000万元的范围内对甲公司应承担的债权付款责任承担补充赔偿责任。一审法院支持了该项诉讼请求，二审予以维持。

一审法院认为，就本案而言，乙公司为甲公司的控股股东，其取得甲公司2000万元财产处于公司成立之初，且金额基本等于其实际出资或占大部分，双方并未约定利息及归还期限，也未有担保，虽审计报告中明确为借款或欠款，但未见乙公司的归还凭证，也未见甲公司明确记载为归还借款的记账凭证，综上，应认定该2000万元系乙公司抽逃出资。

我们可以参考本案一审法院的裁判意见，来具体区分抽逃出资与股东借款，二者在形式上存在一定混同，对于两者的区分应主要考虑以下几种因素：

（1）金额，股东取得公司财产占其出资大部分的，抽逃出资的概率高，反之为借款概率高；

（2）利息，股东取得公司财产无利息约定时，抽逃出资的概率高，反之借款概率高；

（3）偿还期限，股东取得公司财产并未约定明确的归还时间的，抽逃出资概率高，反之借款概率高；

（4）担保，股东取得公司财产时无担保的，抽逃出资概率高，反之借款概率高；

（5）程序，股东取得公司财产无内部决策程序流程的，抽逃出资概率高，反之借款概率高；

（6）主体，取得公司财产的股东为实际控股股东的，抽逃出资概率高，反之借款概率高；

（7）会计处理方式，公司会计报告对股东取得公司财产未作应收款处理的，抽逃出资概率高，反之借款概率高；

（8）透明度，股东取得公司财产未向其他股东披露的，抽逃出资概率高，反之借款概率高；

（9）行为发生期限，股东取得公司财产在公司设立之初的，抽逃出资概率高，股东在公司成立后很久才取得的，借款概率高。

综上，不难看出，到底是股东合法借款还是股东抽逃出资，要从借款的具体情形来进行综合的实质判断。股东和公司如果想要进行合法的借贷往来，必须要小心谨慎，以防一旦产生纠纷被认定成是股东抽逃出资，届时将承担股东抽逃出资的民事责任，严重时还可能涉及行政责任和刑事责任。

27 股东抽逃出资时，公司的债权人如何进行调查取证？

如果股东存在抽逃出资情形时，公司的债权人该如何调查取证以维护自己的合法权益呢?

一般来说，公司的债权人作为外部人员，很难了解公司内部财务的资金流动、交易情况等，也就难以核查股东抽逃出资的情况。根据“谁主张谁举证”的一般举证原则，公司债权人如果想要追加公司抽逃股东为被执行人以实现自己的债权，应当向法院提供股东存在抽逃出资情况的相关证据。

根据《公司法司法解释三》第二十条规定："当事人之间对是否已履行出资义务发生争议，原告提供对股东履行出资义务产生合理怀疑证据的，被告股东应当就其已履行出资义务承担举证责任。”也就是说，原则上，应当由公司债权人举出一定的证据，该证据或直接可以证明股东抽逃出资的行为，比如出资款在极短时间内原封不动地返回到股东名下账户，或者该证据让人产生股东有抽逃出资的合理怀疑。此时，举证责任就转移到了股东一方：股东需证明自己已经尽到出资义务且自己并不存在抽逃出资的行为。

那么，公司债权人该通过什么途径才能获得公司股东存在抽逃出资情形的证据呢？实务中，我们建议公司债权人可以采取以下途径。

（1）查询被执行人工商档案。

根据《市场监管总局登记注册局关于进一步做好企业登记档案资料查询工作的通知》（登注函字〔2020〕157号）规定："律师出示律师执业证书和律师事务所开具的与承办法律事务有关的文件和承诺书，可以进行书式档案资料查询。"

也就是说，公司债权人可以委托律师，携带上述手续材料去当地的市场监管部门查询被执行人的书式档案材料（即全部原始工商登记档案材料），获取被执行人的银行账户、验资报告等信息。

（2）向法院申请委托机构进行审计调查股东是否存在抽逃出资情形。

根据《最高人民法院关于民事执行中财产调查若干问题的规定》第十七条规定：作为被执行人的法人或其他组织不履行生效法律文书确定的义务，申请执行人认为其有拒绝报告、虚假报告财产情况隐匿、转移财产等逃避债务情形或其股东、出资人有出资不实、抽逃出资等情形的，可以书面申请人民法院委托审计机构对该被执行人进行审计。人民法院应当自收到书面申请之日起十日内决定是否准许。

也就是说，公司债权人可以书面申请人民法院委托审计机构对公司进行审计，调查是否存在股东出资不实、抽逃出资情形。并且，根据相关判例，目前已有多个法院在执行阶段支持通过向律师开具调查令或法院自行调查的方式，向银行调取债务人接收股东出资的账户在出资日期前后一定期限的交易明细。而且，通过向法院申请调查令的方式，还能调查核实债务人银行账户的真实性、验资报告的真实性等抽逃出资相关证据。

（3）通过转账验证公司接受出资账户是否真实。

实践中，会有抽逃出资的股东提供公司的虚假出资账户来验证其出资情况。如果抽逃出资股东提供的公司接收股东出资的账户是虚假账户，公司债务人可以尝试向该账户汇入1元钱的方式来初步验证账户的真实性，如果不能汇入，则可以初步判定账户虚假。当然，不能汇入的原因也有可能是该账户已注销，最终还是需要通过申请法院调查的方式向开户银行调查核实。

（4）向公安机关或相关市场监管部门举报债务人公司股东抽逃出资。

如果债务人公司是实行注册资本实缴登记制的公司，那么出于穷尽司法救济手段、充分维护债务人合法权益的考量，也可以尝试一下这种途径。最高人民法院在“（2017）最高法民终87号”判决中指出：“依常理，债权人若对股东抽逃出资产生怀疑又不能依法取证的话，其应穷尽包括工商行政处罚、刑事侦查在内的救济手段。届时，公安机关将启动刑事侦查程序，相关的市场监管部门也会组织开展调查工作，审查债务人公司股东是否存在出资不实、抽逃出资等情形。”

（5）联络债务人财务人员、高管。

公司债权人如果有途径或者人脉可以联络上债务人公司的财务人员、高管（尤其是已离职的人员），则也可能有机会发现债务人公司股东抽逃出资的端倪，并可根据该线索向法院申请调查取证。

（6）联络债务人公司其他股东，通过行使股东知情权获取证据。

如果债务人公司为有限责任公司，此时债权人如果有途径可以联络上债务人的其他股东，也可以争取该股东配合行使股东知情权，依据《公司法》第三十三条的规定，查阅债务人公司账簿，通过查账的方式获取股东抽逃出资的证据。

综上所述，公司债权人想要调查债务人公司股东的出资情况实属不易。上述途径不一定都能走得通，但在穷尽救济手段的可能下可以综合采用，以充分维护自己的合法权益。

28 第三人代垫出资并协助抽逃出资的，是否应当承担赔偿责任？

以案说法（2-5）

2001 年，申某公司、新某公司、金某公司、德某公司共同出资成立 SWG 公司。2001 年 7 月 19 日，SZ 数码公司代申某公司出资 2500 万元。2001 年 7 月 19 日，申某公司、新某公司、金某公司、德某公司各自完成了向 SWG 公司验资账户注资。2001 年 8 月 8 日、8 月 13 日，SWG 公司即将验资款中的 9660 万元分两笔转入 SZ 数码公司账户，SZ 数码公司随即将上述款项全部转出至申某公司出资账户和金某公司其他账户。SWG 公司的债权人北大某公司以 SZ 数码公司协助申某公司抽逃出资为由，要求其在代垫资金 2500 万元本息范围内对 SWG 公司的债务承担补充赔偿责任。

SZ 数码公司以《最高人民法院关于适用＜公司法＞若干问题的规定(三)》（以下简称为《公司法司法解释三》）原第十五条已被删除为由提出抗辩，认为北大某公司要求其承担补充赔偿责任没有法律依据。

那么，在第三人代垫出资并协助抽逃出资的，是否应当承担赔偿责任？

在 2011 年 2 月 16 日开始施行的《公司法司法解释三》的原第十五条中规定："第三人代垫资金协助发起人设立公司，双方明确约定在公司验资后或者在公司成立后将该发起人的出资抽回以偿还该第三人，发起人依照前述约定抽回出资偿还第三人后又不能补足出资，相关权利人请求第三人连带承担发起人因抽回出资而产生的相应责任的，人民法院应予支持。"由于在新资本制度下无须验资，而该条文存在着验资的表述，故这一条司法解释的规定被删除。

但是，《公司法》第三十五条规定："公司成立后，股东不得抽逃出资。"

《公司法司法解释三》原第十五条虽被删除，但并不意味着代垫资金、协助抽逃出资的第三人无须承担民事责任。第三人代垫资金、协助股东抽逃出资，依照《民法典》第一千一百六十八条规定，第三人与股东构成共同侵权的，该第三人应当承担连带责任。

本案中，当SWG公司将验资款中的9660万元分两笔转入SZ数码公司账户，SZ数码公司随即将上述款项全部转出至申某公司出资账户、金某公司其他账户。而SZ数码公司并无证据证明相关款项的转入、转出系基于出资之外的其他法律关系。SZ数码公司先前转入申某公司的2500万元实际已通过上述方式被抽回。因此，SZ数码公司应当在代垫资金本息范围内，对北大某公司的债务承担补充赔偿责任。

综上所述，股东抽逃出资系未履行公司法规定的出资义务，违反了资本维持原则。第三人虽不是股东，但其在代垫出资后，协助股东抽逃出资的行为，不当减少了公司资本，降低了公司的偿债能力，损害了债权人、公司以及其他股东的利益，应当承担赔偿责任。

第三节 股东瑕疵出资纠纷

29 股东出资瑕疵将会承担什么样的法律责任？

公司在设立时，出资人通过签订公司设立协议、章程认缴公司出资，在公司成立后，出资人取得股东资格，享有股权，同时股东应按公司章程的规定全面履行出资义务，如股东没有按章程的规定缴纳出资就是出资瑕疵。出资瑕疵的具体表现为虚假出资、出资不足、逾期出资以及抽逃出资等。

其中，虚假出资是指并未交付货币、实物或者未转移财产所有权等，欺骗公司和其他股东；出资不足指出资者未足额出资、未履行出资义务等情况；逾期出资指出资者没有按照出资协议或者公司章程规定的时间限制按期缴纳出资；抽逃出资指公司设立后，股东将公司注册资本转移走的情形。那么对于这些问题，出资瑕疵的股东该如何承担相应的法律责任呢?

股东出资瑕疵的民事责任可以按主体分为以下三类。

（1）对公司应承担补足出资义务，并可被限制股东权利甚至除名。

《公司法》第二十八条规定："股东应当按期足额缴纳公司章程中规定的各自所认缴的出资额。股东以货币出资的，应当将货币出资足额存入有限责任公司在银行开设的账户；以非货币财产出资的，应当依法办理其财产权的转移手续。股东不按照前款规定缴纳出资的，除应当向公司足额缴纳外，还应当向已按期足额缴纳出资的股东承担违约责任。"如果股东未足额缴纳出资，可由公司直接要求其履行义务，当股东拒绝时，公司有权将其起诉到法院。

同时，根据《公司法司法解释三》第十六条规定，股东未履行或者未全面履行出资义务或者抽逃出资，公司根据公司章程或者股东会决议对其利润分配请求权、新股优先认购权、剩余财产分配请求权等股东权利做出相应的合理限制，该股东请求认定该限制无效的，人民法院不予支持。

《公司法司法解释三》第十七条也规定了：有限责任公司的股东未履行出资义务或者抽逃全部出资，经公司催告缴纳或者返还，其在合理期间内仍未缴纳或者返还出资，公司以股东会决议解除该股东的股东资格，该股东请求确认该解除行为无效的，人民法院不予支持。

（2）对足额出资股东承担违约责任。

在有限责任公司成立时，是由全体股东相约共同出资，作为合同的任何一方必须无条件地履行。当股东违反章程、未履行出资义务，致使公司的利益受到侵害时，足额出资的股东可以依据《公司法》的规定，以自己的名义代表公司向法院起诉，要求未出资的股东履行出资义务，并赔偿公司相应的损失，同时可一并要求其支付相应的违约金。

（3）对公司债务在未出资本息范围内承担补充赔偿责任。

根据《公司法司法解释三》第十三条明确规定："公司债权人请求未履行或者未全面履行出资义务的股东在未出资本息范围内对公司债务不能清偿的部分承担补充赔偿责任的，人民法院应予支持。"

除了上述民事责任外，公司股东瑕疵出资还将可能承担行政责任和刑事责任：

《刑法》第一百五十九条规定，"公司发起人、股东违反公司法的规定未交付货币、实物或者未转移财产权，虚假出资，或者在公司成立后又抽逃其出资，数额巨大、后果严重或者有其他严重情节的，处五年以下有期徒刑或者拘役，并处或者单处虚假出资金额或者抽逃出资金额百分之二以上百分之十以下罚金。

单位犯前款罪的，对单位判处罚金，并对其直接负责的主管人员和其他直接责任人员，处五年以下有期徒刑或者拘役。"

最后，公司股东出资瑕疵问题一直是公司领域比较多发的问题。由于出资瑕疵直接导致法人财产的减少，大大增加了其他市场主体与之交易的风险，使债权得不到充分的财产担保。其结果不仅是对具体债权人利益的损害，同时对整个社会信用有着不可忽视的负面影响。因此，企业必须要积极督促股东依法全面履行出资义务。

30 出资瑕疵的股东能否享有股东知情权？

前面我们提到对于出资瑕疵的股东，公司有权限制其相应的股东权利，比如对利润分配请求权、新股优先认购权、剩余财产分配请求权等股东权利做出相应的合理限制。那么，对于出资瑕疵的股东，公司是否可以限制其股东知情权呢?

根据《公司法》的立法精神，《公司法》分别在第三十三条和第九十七条对有限责任公司、股份有限公司股东的知情权做了规定。第三十三条规定:“股东有权查阅、复制公司章程、股东会会议记录、董事会会议决议、监事会会议决议和财务会计报告。股东可以要求查阅公司会计账簿。”第九十七条规定:“股东有权查阅公司章程、股东名册、公司债券存根、股东大会会议记录、董事会会议决议、监事会会议决议、财务会计报告，对公司的经营提出建议或者质询。”也就是说，股东知情权的基础是股东资格的取得，而股东资格取得仅需股东向公司认购股份，并不要求股东出资义务履行完毕。因此，未履行出资义务并不当然导致股东资格的丧失，公司不能以股东出资瑕疵作为股东知情权行使的抗辩事由。

以案说法（2-6）

甲公司于2011年11月16日登记设立，股东为王某、张某和刘某。其中，王某认缴出资300万元，未实缴，同时，王某担任公司的监事及财务负责人。

2016年4月20日，王某通过邮寄申请书的方式要求查阅公司股东会会议记录、董事会会议决议、监事会会议决议和财务会计报告等材料，行使股东知情权，表示其行使股东知情权的目的系了解甲公司的经营状况。甲公司认为王某自2013年年底不再参与甲公司的经营，且其在退出之前担任甲公司监事和财务负责人，对于2013年以前甲公司的经营状况知情；王某未履行出资义务，在未履行出资义务之前王某无权享有相应的股东权利。后王某起诉至法院要求查阅上述文件。

法院认为，王某自甲公司成立至今一直系登记股东，后来甲公司股东会决议虽然决定解除王某的股东资格，但该决议并未办理工商变更登记，且已经被生效判决确认不成立，故王某作为甲公司的股东享有股东知情权。王某自2013年年底，不再参与甲公司的经营，现在为了了解甲公司的经营状况要求行使股东知情权符合法律规定。甲公司认为王某应先补足出资后才享有相应股东权利，但股东知情权系股东的法定权利，不应因其未足额缴纳出资受到限制，甲公司未提交证据证明公司章程或已生效的股东会决议对该股东权利进行了合理限制，故王某股东知情权不应因其未足额缴纳出资而受到限制。

因此，法律对瑕疵股东权利的限制主要应为利润分配请求权、新股优先认购权、剩余财产分配请求权等财产性权利，而对于瑕疵出资股东来说，只要其是股东名册或工商登记已经载明的股东，其仍然享有股东身份，公司不能拒绝瑕疵出资股东行使法定知情权。

但是，在股东出资瑕疵的情况下，公司其他股东可对出资瑕疵的股东提起违约之诉，公司也可以通过章程约定并召开股东会决议解除出资瑕疵股东的股东资格或限制出资瑕疵股东获得财产利益的自益权，但出资瑕疵并不直接导致股东丧失股东资格，因此出资瑕疵的股东仍然享有知情权。

31 有限责任公司如何限制瑕疵出资股东的表决权？

股东全面足额缴纳出资，是《公司法》赋予股东的法定义务，也是公司得以正常开展经营的经济基础。有限责任公司对于出资瑕疵的股东，有权限制其相应的股东权利。那么，当部分股东构成瑕疵出资时，是否可以通过公司章程的约定限制其行使股东表决权呢？这种限制是否合法有效？对此，设计公司章程时又该如何考虑呢？

首先，当部分股东构成瑕疵出资时，是可以通过公司章程的约定限制其行使股东表决权的。

我们都知道，表决权是公司股东参与公司经营决策的主要方式。限制瑕疵出资股东的表决权，是指当股东瑕疵出资时，为了督促其完全履行出资义务并保证股东之间的公平，对瑕疵出资股东的表决权加以限制。

根据《公司法》第四十二条规定：“股东会会议由股东按照出资比例行使表决权；但是，公司章程另有规定的除外。”也就是说，《公司法》赋予了公司可以通过公司章程的形式自主约定股东行使表决权的方式。公司章程可以约定不按股东出资比例行使表决权，对于出资瑕疵的股东的表决权进行相应的限制。

那么，此时该如何设计公司章程来限制瑕疵出资股东的出资表决权呢？

第一，可以约定股东按实际出资与认缴出资的比例享有其按认缴出资对应的完整表决权。

一般来说，公司章程各股东认缴的比例为股东应当缴纳的出资，公司成立后各股东出现瑕疵出资的情况无法准确预测，但是可以约定实际出资与认缴出资的比例享有对应的表决权，也可以约定在为全部出资前仅享有较小比例的表决权，只有全部履行出资义务，才能享受完整的表决权。

第二，针对不同出资瑕疵的情况约定不同的相应对策，并约定对未能及时发现的瑕疵出资具有追溯和追偿的相关权利。

实践中，瑕疵出资的表现情形较多，包括虚假出资、出资不足、逾期出资以及抽逃出资等多种情形。对于逾期出资来说，这种情形相对比较简单，可以按照实际缴纳的情况约定表决权。而对于虚假出资、出资不足、抽逃出资等瑕疵出资的问题较为复杂，并且具有较高的隐蔽性，难以及时发现。因此，公司在设计公司章程时，应考虑不同的情况分别加以约定，并对未能及时发现的情况，约定可行的补救措施。

最后，可以约定瑕疵出资的违约责任及违约金。

根据《公司法》第二十八条第二款规定，“股东不按照前款规定缴纳出资的，除应当向公司足额缴纳外，还应当向已按期足额缴纳出资的股东承担违约责任。”

对于违约责任，可以通过公司章程约定具体的违约金，违约金可以是具体的数额，也可以是按照一定的标准计算一定的比例。如果没有约定具体的违约金，则瑕疵出资股东承担的违约责任是赔偿由此造成的损失。

综上所述，鉴于有限责任公司的人合性特点，股东出资瑕疵将会影响互相之间的信任，从而对公司的长久发展也有负作用。因此，建议公司在成立时就在公司章程中就股东可能存在的出资瑕疵问题进行明确约定，以防后续产生争议。

32 股东转让瑕疵出资的股权后，是否免除出资义务？

如果存在瑕疵出资情况的公司原股东，将其股权转出，是否就能免除其瑕疵出资中的出资义务呢？

以案说法（2-7）

2009年10月16日，QN公司登记成立，公司注册资本100万元，公司的三位股东贺某凯、谢某、邱某杰分别以货币的方式认缴33万元、33万元、34万元注册资本，其中，谢某实缴了3.5万元出资，尚余29.5万元出资未向QN公司缴纳。

2013年3月1日，谢某与邱某杰签订《股东转让出资协议》，将其30%的股权转让给了邱某杰，谢某称邱某杰在受让股权时已经了解其尚余29.5万元出资未向QN公司缴纳的情况。2016年，QN公司起诉谢某要求其承担补缴出资的义务。

那么，谢某转让未实缴出资的股权，是否可以免除其作为股东的出资义务?

《公司法》第三条第二款规定，“有限责任公司的股东以其认缴的出资额为限对公司承担责任；股份有限公司的股东以其认购的股份为限对公司承担责任。”依法全面向公司履行出资义务系公司股东对公司的法定义务，未全面履行出资义务即转让股权的股东，其出资义务不因股权转让而消灭。《公司法》第二十八条亦规定，股东应当按期足额缴纳公司章程中规定的各自所认缴的出资额，股东未按照法律规定缴纳出资的，应当向公司足额缴纳。根据，《公司法司法解释三》规定，“股东未履行或者未全面履行出资义务，公司或者其他股东请求其向公司依法全面履行出资义务的，人民法院应予支持。公司债权人请求未履行或者未全面履行出资义务的股东在未出资本息范围内对公司债务不能清偿的部分承担补充赔偿责任的，人民法院应予支持；未履行或者未全面履行出资义务的股东已经承担上述责任，其他债权人提出相同请求的，人民法院不予支持。”另有，《最高人民法院关于民事执行中变更、追加当事人若干问题的规定》第十九条规定，作为被执行人的公司，财产不足以清偿生效法律文书确定的债务的公司，作为被执行人时，申请执行人有权申请变更、追加未依法履行出资义务即转让股权的公司股东为被执行人，在未依法出资的范围内承担责任的。

本案中，谢某与邱某杰签订的《股东转让出资协议》，系将谢某在QN公司所持有的30%股权转让给邱某杰，该转让协议系双方真实意思表示，内容不违反法律、行政法规的强制性规定，协议合法有效。但是，QN公司作为有限责任公司，谢某作为该公司的股东，负有向该公司足额缴纳出资的法定义务。根据前述法律及司法解释的规定，谢某转让未实缴出资的股权，未全面履行出资义务，其出资义务并不因股权转让而免除。谢某应当以其认缴的出资额33万元为限对QN公司承担出资责任，向QN公司缴纳剩余未实缴的出资款29.5万元。关于谢某的邱某杰在受让股权时已经完全了解其出资情况的主张，属于受让股东明知所受让的股权存在应当向公司实缴出资的情况，QN公司有权要求出让股东谢某、受让股东邱某杰对于前述未实缴的出资款29.5万元承担连带责任。

综上所述，依法全面向公司履行出资义务系公司股东对公司的法定义务，未全面履行出资义务即转让股权的股东，其出资义务不因股权转让而消灭。

33 股东存在增资瑕疵时是否对公司增资前的债权人承担责任？

以案说法（2-8）

甲公司设立于2002年4月12日，注册资本为50万元，发起人为郭某、封某、罗某，出资额分别为17万元、16.5万元、16.5万元，并实缴前述出资。2016年12月27日，甲公司通过《股东会决议》，将认缴注册资本由50万元增加为500万元，郭某、封某、罗某分别出资各增加为170万元、165万元、165万元。

乙公司与甲公司在2015年至2016年上半年进行芯片交易，甲公司欠付乙公司货款，经人民法院调解，并作出民事调解书，约定由郭某、甲公司偿付原告货款999019元，逾期付款按照中国人民银行同期贷款利率支付利息，但郭某、甲公司逾期未按照调解书约定执行。乙公司向人民法院主张追加被告罗某、封某为案件被执行人。

罗某、封某主张，根据最高人民法院执行办公室2003年12月11日，针对江苏省高级人民法院〔2002〕苏执监字第171号《关于南通开发区富马物资公司申请执行深圳龙岗电影城实业有限公司一案的请示报告》作出《最高人民法院执行工作办公室关于股东因公司设立后的增资瑕疵应否对公司债权人承担责任问题的复函》，“股东按照其承诺履行出资或增资的义务是相对于社会的一种法定的资本充实义务，股东出资或增资的责任应与公司债权人基于公司的注册资金对其责任能力产生的判断相对应”，也就是说增资瑕疵行为仅对公司增资注册之后的公司债权人承担相应的责任。

但是，《公司法》于其后的2004年、2005年、2013年、2018年先后修改。根据《公司法》第三条第二款的规定，“有限责任公司的股东以其认缴的出资额为限对公司承担责任。”《公司法》第二十八条第一款、

第一百七十八条第一款规定，有限责任公司增加注册资本时，股东应当按期足额缴纳公司章程中规定的各自所认缴的出资额。《公司法司法解释三》第十三条第二款规定，未履行或者未全面履行出资义务的股东应当在未出资本息范围内对公司债务不能清偿的部分承担补充赔偿责任的。另外，《最高人民法院关于民事执行中变更、追加当事人若干问题的规定》第十七条规定，“作为被执行人的营利法人，财产不足以清偿生效法律文书确定的债务，申请执行人申请变更、追加未缴纳或未足额缴纳出资的股东、出资人或依公司法规定对该出资承担连带责任的发起人为被执行人，在尚未缴纳出资的范围内依法承担责任的，人民法院应予支持。”

因此，本案应以法律效力层级更高、发布时间在后的司法解释为准。甲公司注册资本为 500 万元，罗某、封某作为甲公司股东，分别认缴出资 165 万元，但截至乙公司强制执行之时，罗某、封某仅分别实际出资 16.5 万元。即使认缴出资期限尚未届至，但由于甲公司经人民法院强制执行，无法清偿涉案债务，明显缺乏清偿能力，已具备破产原因，甲公司及其债权人均未申请甲公司破产。因此，乙公司作为甲公司债权人，有权依照法律及司法解释的规定，请求未届出资期限的罗某、封某分别在其未出资的范围内甲公司对乙公司所负债务不能清偿的部分承担补充赔偿责任。

34 股东出资期限尚未届满，出资义务能否加速到期？

《公司法》第二十八条第一款规定，“股东应当按期足额缴纳公司章程中规定的各自所认缴的出资额。股东以货币出资的，应当将货币出资足额存入有限责任公司在银行开设的账户；以非货币财产出资的，应当依法办理其财产权的转移手续。”股东对公司负有足额缴纳其认缴的出资额的法定义务。尽管股东可以依据《公司法》的规定，自主约定其出资方式、出资额和出资时间，但约定出资期限并未免除股东的出资义务，仅为暂缓，股东应当在约定的出资期限到期后，依法足额缴纳其认缴的出资额。

那么，出资期限尚未届满时，股东在什么情况下需要履行出资义务呢?

《公司法司法解释二》第二十二条的规定："公司解散时，股东尚未缴纳的出资均应作为清算财产。股东尚未缴纳的出资，包括到期应缴未缴的出资，以及依照公司法第二十六条和第八十条的规定分期缴纳尚未届满缴纳期限的出资。公司财产不足以清偿债务时，债权人主张未缴出资股东，以及公司设立时的其他股东或者发起人在未缴出资范围内对公司债务承担连带清偿责任的，人民法院应依法予以支持。"该条司法解释规定，公司在破产清算状态下，股东应当在公司财产不足以清偿债务时，在其未缴出资范围内对公司债务承担连带清偿责任，即股东出资责任加速到期。

那么，股东出资期限尚未届满，公司亦未进入破产清算程序时，股东的出资责任能否加速到期呢?

根据2019年《全国法院民商事审判工作会议纪要》（以下简称《九民纪要》）第六条的规定，"在注册资本认缴制下，股东依法享有期限利益。债权人以公司不能清偿到期债务为由，请求未届出资期限的股东在未出资范围内对公司不能清偿的债务承担补充赔偿责任的，人民法院不予支持。但是，下列情形除外：（1）公司作为被执行人的案件，人民法院穷尽执行措施无财产可供执行，已具备破产原因，但不申请破产的；（2）在公司债务产生后，公司股东（大）会决议或以其他方式延长股东出资期限的。"因此，可以总结：第一，公司以全体股东认缴的财产作为公司全部财产对外承担责任，全体股东认缴的财产包括已经缴纳的出资和未缴纳的出资，而股东尚未缴纳的出资包括到期应缴未缴的出资和分期尚未届满缴纳期限的出资。当公司的全部财产不足已清偿到期债务，债务人通过强制执行，在人民法院穷尽执行措施后仍然无任何财产可供执行的，可以认定公司已具备破产原因，此时公司不申请破产的，股东之间约定的出资期限就不能再作为对股东的保护和对债务人的约束，债权人有权请求股东在未出资范围内对公司不能清偿的债务承担补充赔偿责任。第二，公司债务产生后，股东通过决议或者其他方式延长出资期限的，并不影响债权人要求股东在未出资范围内对公司不能清偿的债务承担补充赔偿责任。

第三章　股权转让纠纷

第一节　公司内部股权转让纠纷

35 任何情况下股权都可以转让吗？

股权转让一般指公司股东将其所持有的公司的股份全部或部分转让给他人的法律行为。股权转让制度是现代公司制度的魅力之一，其已经成为企业募集资本、产权流动重组、资源优化配置的重要形式，故股权转让制度对于公司的重要程度可见一斑。根据公司类型的不同，法律对于股权的转让有不同的限制。

就有限责任公司而言，股权转让分为内部转让和外部转让两种。

关于内部转让，《公司法》第七十一条第一款明确："有限责任公司的股东之间可以相互转让其全部或者部分股权"，股东之间内部转让股份没有特殊制度的要求，股权可以自由转让。而外部转让相较于内部转让更加烦琐、复杂，根据《公司法》第七十一条第二、三款规定，公司股东向外转让股权需满足"书面通知其他股东并取得半数以上股东同意"的要求，否则，《股权转让协议》可能无效。需要注意的是，"必须经其他股东过半数同意"指的是股东人数的多数，而非持股数额的多数，也即以股东人数计算表决票数，而非以股权数额计算表决票数。且经股东同意转让的股权，在同等条件下，其他股东有优先购买权，股东对外转让股权的限制较为严格。此外，由于《公司法》第七十一条第四款规定“公司章程对股权转让另有规定的，从其规定”，因此公司章程中如果对股权转让有不违反法律强制性规定的特殊规定，则以公司章程的规定为准。

就股份有限公司的股权转让限制，《公司法》第一百四十一条进行了详细规定，主要有以下几点：1. 发起人持有的本公司股份，自公司成立之日起一年内不得转让；2. 公司公开发行股份前已发行的股份，自公司股票在证券交易所上市交易之日起一年内不得转让；3. 公司董事、监事、高级管理人员应当向公司申报所持有的本公司的股权及其变动情况，在任职期间每年转让的股份不得超过其所持有本公司股份总数的百分之二十五；4. 公司董事、监事、高级管理人员所持本公司股份，自公司股票上市交易之日起一年内不得转让；5. 公司董事、监事、高级管理人员离职后半年内不得转让其所持的本公司股份。除上述规定外，在不违反法律和强制性法规的基础上，公司章程还可以对公司董事、监事、高级管理人员转让其所持有的本公司股份作出其他限制性规定。

股权转让作为股东行使股权的普遍方式，在实践中，因不符合股权转让条件而产生的纠纷屡见不鲜，了解对于股权转让的法律限制有助于股东从全局出发，对于股权转让有全面的认知，综合考量股权转让行为实现可能性及产生的法律后果。

36 股东之间股权转让的流程是什么？

内部股权转让是公司股东之间依法相互转让其持有的股权，相较于对外转让，其流程更加简单。

第一，需要审查公司章程对于内部转让股权有无特殊规定。《公司法》第七十一条第四款规定："公司章程对股权转让另有规定的，从其规定"，在不违反强制性法律的情况下，公司章程对于股权转让的规定有效，股东之间转让股权之前也需要审查章程规定，符合章程规定的条件。

第二，转让方与受让方对于股权转让事宜达成一致意见，签订《股权转让协议》。双方需对股权转让的条款，包括价格支付、交割条款、陈述保证条款等达成一致，拟定《股权转让协议》并签署。

第三，公司应当注销原股东的出资证明书，向新股东签发出资证明书，并修改公司章程和股东名册中有关股东及其出资额的记载。

第四，向原公司登记机关申请公司变更登记。申请变更登记的流程较为复杂，对于期限、文件等有多方面的限制。

（1）申请变更登记的期限。《市场主体登记管理条例》第二十四条规定，市场主体变更登记事项，应当自作出变更决议、决定或者法定变更事项发生之日起30日内向登记机关申请变更登记。市场主体变更登记事项属于依法须经批准的，申请人应当在批准文件有效期内向登记机关申请变更登记。

（2）申请变更登记需要提交的资料。一般有：公司法定代表人签署的公司变更登记申请书；公司章程修正案或者新的公司章程；（只变更公司住所、法定代表人、经营范围的，无须提交章程修正案或新的公司章程；变更股东的，须由新股东会制订章程修正案或新的公司章程）；企业法人营业执照正、副本；变更有关登记事项应当同时提交的文件。

值得注意的是，在实践中，部分股东认为股东内部之间转让股权，公司对此是知情的，所以无须办理变更登记，显然这是错误的。一方面，《市场主体登记管理条例》第四十六条对此严格规定："市场主体未依照本条例办理变更登记的，由登记机关责令改正；拒不改正的，处1万元以上10万元以下的罚款；情节严重的，吊销营业执照。”其中，变更经营范围涉及法律、行政法规或者国务院决定规定须经批准的项目而未取得批准，擅自从事相关经营活动，情节严重的，吊销营业执照。公司未依照本条例规定办理有关备案的，由公司登记机关责令限期办理；逾期未办理的，处以3万元以下的罚款。”另一方面，不办理变更登记，股权尚未发生转移，不产生对外公示效力，办理完毕后，受让人才能真正有效地行使股权。

股东内部转让股权的，可按照上述流程办理，应保证流程的完整性，严格遵循相关法律的规定，特别是股权受让方，应对办理流程加以监督，保障自身权利。

37　《股权转让协议》怎么写？

股权转让是一项较为复杂的法律行为，转让方和受让方在此过程中可能产生的法律风险较多，为了避免双方出现不必要的纠纷或损失，一般都需要签署书面的《股权转让协议》，以明确双方的权利义务以及股权转让的具体细节，因此《股权转让协议》在股权转让过程中具有极其重要的意义。

《股权转让协议》应当包括以下内容，对于其中的重点内容进行提示。

（1）当事人双方基本情况，包括转让方与受让方的名称、住所、法定代表人的姓名、职务、国籍等。

（2）公司基本情况及股权结构。

（3）转让方的陈述与保证及告知义务。至少应当包括：转让方是否已经实际缴纳注册资金；转让方所提供的债权债务信息必须真实、完整、准确，如果出现清单之外债务的处理方式；转让方保证没有进行任何担保（可能的债务）；转让方要保证股权的权利完整，没有被质押、冻结等。

（4）股权转让的份额，股权转让价款及支付方式。本条款是《股权转让协议》中最为重要的条款，需要对于数额、日期、期间等约定清晰，避免出现纠纷。

（5）股权转让的变更登记约定。

（6）过渡期条款。股权的交接有一个过渡期，即从合同生效到变更股权登记期间，存在权利错位的时期，此时受让方可能已经支付部分价款，而权利尚未发生转移，对于该时期的公司监管、债权债务、利润产生等事项进行特别约定。

（7）股东身份的取得时间约定及实际交接手续约定。此条款关系到股东权利与义务的转移，需要一个确定的交接点，譬如约定本合同生效后或第一笔股权转让款支付后，受让方取得股东身份，享有股东权利承担股东义务，转让方丧失股东权利。交接内容包括但不限于：1. 股权权利象征的交接，譬如交接营业执照、印章、股东名册；2. 公司债权债务的交接，列出财务清单，双方确认；3. 资产的交接，如厂房、机器设备，以及业务资料等；4. 员工的安置，包括劳动合同档案与人事安排等。

（8）股权转让的权利义务约定。

（9）违约责任。

（10）适用法律争议解决方式。

（11）通知义务、联系方式约定。

（12）协议履行受阻后的处理。股权交易中，存在出现意外的可能性，如政策变化或出现没有披露的重大事项等，可事先做出约定，例如双方无责解除合同或者改变合同履行方式等，避免产生争议。

（13）协议的变更、解除约定。

（14）协议的签署地点、时间和生效时间。

在签订《股权转让协议》过程中，转让方与受让方在股权转让过程中的目的不同，不同主体签订协议时审查的侧重点也有所不同。针对股权转让方而言，其诉求是尽快收到股权转让款并且不再承担股东相关责任，故对于股权转让价款、支付方式以及股东权利义务的转移条款应格外注意；针对受让方而言，其对于目标公司的了解可能并不全面，侧重点则放在风险防范方面，应仔细审查公司的股权结构、转让方的保证、变更登记的约定以及权利义务的交接等。

38 股权转让的价格是否需要与出资额相同？

股权转让价格的确定是股权转让的重要内容之一，那么在股权转让时价格是否需要与出资额相同呢，我们结合下面的案例来为大家解答。

以案说法（3-1）

某市Y公司注册资金1000万元，其中甲出资300万元、乙出资260万元、被告丙出资260万元、原告丁出资105万元、戊出资75万元。2005年4月21日，甲、乙、丙、丁、戊共同签署一份《关于股东股份转让的协议》，内容为：2005年4月21日，Y公司召开股东大会，参会人员是甲、乙、丙、丁、戊。会议通过如下决议：丙转让其在本公司26%股份给丁，丙所应得的报偿为人民币30万元整，于2005年8月兑现。Y公司2004年度审计报告表明截至2004年12月31日，公司所有者权益合计为11976764.56元。

协议签订后，丁多次通知丙履行此协议，丙强调，协议中约定的30万报偿是在260万实缴出资之外另行支付的，丁需向丙支付290万元，目前公司发展良好，所有者权益在1000万以上，自己不可能以260万原价转让，更不可能以30万的价格转让股权。丁不认可丙的说法，遂诉至法院，要求确认《关于股东股份转让的协议》合法有效，要求丙履行协议义务转让股权。

那么，股权转让的价格应当如何认定，是否需要与出资额相同呢?

本案的案件争议焦点在于股权转让对价是否明确以及股权转让对价的标准。

首先，《关于股东股份转让的协议》由Y公司股东在股东大会上做出，具有股东会决议的法律性质，但因参会股东与该份文件所涉股权转让的股东身份重叠，故同时可以认定丙与丁之间存在股权转让的意思表示。

但是，转让款是股权转让合同的必要条款，在该份文件中却未明确股权转让的对价，而是约定了丙转让股份所得到的报偿为30万元，现当事人对此约定各执一词，该文件亦未明确股权转让的对价。同时，股权转让价格的确定是股权转让的重要内容之一，而股权的价值与有形财产不同，其价值由多种因素构成，依据现有证据法院也无法对此价格的合理性予以判断。

因此，法院认为依据《关于股东股份转让的协议》不能认定丙与丁之间就股权转让的价款达成了一致意见，股权转让不具有可履行性，不能认定双方的《股权转让协议》已成立。

结合本案可知，股权转让的价格并不需要与出资额相同，二者之间也没有绝对关系。股权的价值是多方面的因素共同决定的，如果公司处于上升阶段，业务开展得如火如荼，那么股权转让价格一般会高于出资额，如果公司发展低迷，持续亏损，股权转让价格可能会低于出资额。所以，在股权转让中，对于股权转让对价双方应该综合考量公司资产、负债、市值等方面，拟定合理的价格。

39 股权转让产生的个人所得税该由谁交纳，如何计算税费？

根据《公司法》的规定，股东依法可以转让自己的股权，在股权转让过程中也要缴纳一定的税费，实践中，有时股权转让双方还会为此产生纠纷，那么股权转让产生的个人所得税应当由谁缴纳又如何计算税费呢，我们来看一个案例。

以案说法（3-2）

某公司王总和张某签订了一份《股权转让协议》，约定以1000万元的价格将王总持有的公司20%股权转让给张某。但是，在后来的股权转让的履约过程中，双方因为股权转让的个人所得税应当由谁缴纳产生了争议，由此发生了纠纷。

那么，股权转让方和受让方谁有缴纳个人所得税的义务，税费又当如何计算呢?

《股权转让所得个人所得税管理办法》第五条规定："个人股权转让所得个人所得税，以股权转让方为纳税人，以受让方为扣缴义务人。"王总与张某均为自然人股东，根据此规定，王总为纳税人，张某为扣缴义务人。在我国税法体系下，扣缴义务人是指赋有代为扣税并缴纳税款法定职责的人，因此，在本案中，应当由张某来进行交税。

关于股权转让中个人所得税的计算方式，《股权转让所得个人所得税管理办法》第四条做出了规定：个人转让股权，以股权转让收入减除股权原值和合理费用后的余额为应纳税所得额，按"财产转让所得"缴纳个人所得税。合理费用是指股权转让时按照规定支付的有关税费。也就是说，本案中计算税费的基数并非1000万元，而是用1000万元减去王总持有的20%公司股权的原值，再减去合理费用后的余额作为计算税费的基数。例如，王总购买这20%的公司股权用了500万元，那么计算税费的基数=1000万−500万−合理费用。这里的合理费用是指股权转让时按照规定支付的有关税费，除了税费，还有一些评估等费用也可以作为合理费用进行扣减。根据《中华人民共和国税法》及《中华人民共和国企业所得税法实施条例》的规定，股权转让的税率为20%。因此张某应当交纳的税费=（1000万-500元-合理费用）×20%。

读者可能有这样的疑问，如果双方把股权转让款降低或者说平价转出是不是可以降低税费甚至不交税。根据相关的法律规定，如果确有正当理由能够证明低价转让股权或者平价转让股权是合理的，是可以降低税费的，如果差额为零，甚至可以不交税。对于正当理由，《股权转让所得个人所得税管理办法》第十三条规定："符合下列条件之一的股权转让收入明显偏低，视为有正当理由：（一）能出具有效文件，证明被投资企业因国家政策调整，生产经营受到重大影响，导致低价转让股权；（二）继承或将股权转让给其能提供具有法律效力身份关系证明的配偶、父母、子女、祖父母、外祖父母、孙子女、外孙子女、兄弟姐妹以及对转让人承担直接抚养或者赡养义务的抚养人或者赡养人；（三）相关法律、政府文件或企业章程规定，并有相关资料充分证明转让价格合理且真实的本企业员工持有的不能对外转让股权的内部转让；（四）股权转让双方能够提供有效证据证明其合理性的其他合理情形。"

综上，个人所得税一般是由股权转让中的受让方缴纳的，税额的计算方式为（股权转让价格-股权原值-合理费用）×20%。最后，提示股权转让双方，在股权转让过程中不能为了少交税或者不交税而弄虚作假、虚报价格，主管的税务机关会对股权转让的收入进行核定，如果认为价格明显偏低，又没有正当理由的，会按照税务机关核定的价格来计算税费。

40 股东间转让股权能否约定由公司支付转让款？

在实践中，股权转让的双方在股权转让合同中约定由目标公司来支付股权转让款。这种做法目前在法律上是得不到支持的，人民法院在审理相关的民事案件中，对此也是持否定的态度。下面我们通过一个案例来看一下。

以案说法（3-3）

2006年，周某与沈某某共同出资设立X公司，注册资本为200万元，其中周某出资126万元，沈某某出资74万元。2015年，沈某某就股权转让事宜与周某进行协商，并签订一份《股权转让协议》，主要内容为：沈某某自愿将X公司所有股权转让于周某，周某向沈某某支付股权转让款71万元。支付方式如下：待X公司贷款到账后支付41万元，余款自次月起每月还款10万元，直至还清；X公司对前景公司的应收货款归沈某某所有，及其余3家公司的应收款也归沈某某所有。沈某某在保管单位公章、印鉴等之间给企业造成损失由沈某某承担；办理完移交手续后，沈某某放弃公司股东所有权益，公司与沈某某也无任何关系。协议签订后，周某及X公司拒绝履行，沈某某诉至法院。

那么，股东间转让股权能否约定由公司支付转让款?

公司属于营利性法人，具有独立的人格、独立的法人财产、对外独立承担责任。公司与股东属于不同的法律主体，其人格、财产和责任均各自独立。股东以其认缴的出资额或者认购的股份为限对公司债务承担有限责任。

《公司法》第二十条规定第一款规定：“公司股东应当遵守法律、行政法规和公司章程，依法行使股东权利，不得滥用股东权利损害公司或者其他股东的利益；不得滥用公司法人独立地位和股东有限责任损害公司债权人的利益”，《公司法》第三十五条规定：“公司成立后，股东不得抽逃出资。”

股东之间转让公司股权，当事人为股东，应由股东承担支付股权转让款的合同义务。股东约定利用公司资产作为股权转让款支付方式的，会直接导致公司财产减损，属于股东滥用股东权利，损害了公司以及公司债权人利益，同时也符合抽逃出资的法律特征。该约定违反了《公司法》的强制性规定，属于无效约定。

根据协议的约定，沈某某作为股权转让方，周某作为股权受让方，周某应当依约向沈某某支付股权转让款。但协议中约定以 X 公司对外享有的债权和银行贷款来支付周某应向沈某某支付的股权转让款，均是以公司的资产来支付股东之间股权转让的对价，处分了 X 公司的资产，违反了《公司法》的强制性规定，对于股权转让款支付方式的约定应属无效。

同时，本案中《股权转让协议》还约定公司部分应收债权归股东所有，该约定具有股东侵占公司财产嫌疑，同样属于无效约定。《公司法》第四条规定：“公司股东依法享有资产收益、参与重大决策和选择管理者等权利。”公司股东有权获得公司分配利润，但公司分配利润，必须符合《公司法》第一百六十六条的规定，在弥补亏损、依法纳税和提取公积金后，仍有剩余利润的，应当由股东会依法作出分配利润的决议，并由公司依法代扣代缴股东所得税后，将剩余利润分配给股东。因此，将公司财产转化成股东财产，必须符合法定的条件，遵守法定的程序，否则，股东将构成抽逃出资或者侵占公司财产。

总之，股东之间转让股权不可以约定由公司支付股权转让价款，《股权转让协议》中如存在该约定，则该部分无效。但该约定不影响《股权转让协议》其他部分的效力，《股权转让协议》其他部分仍然有效，股权受让方应当按照约定向股权转让方支付股权转让款。

41 股权转让，受让方不支付余款怎么办？

在股权转让过程中，最重要的即办理股权变更登记和支付股权对价款，这关乎了转让方和受让方的实际利益。一般的股权转让中都会约定受让方先支付部分股权转让款，转让方办理工商变更登记，办理后由受让方应支付余款，此时如果受让方拒不支付，转让方的利益则遭受了重大损失，应当如何处理呢?

《股权转让协议》本质上属于民事合同，而这种情况实质上属于合同纠纷。《股权转让协议》的主要内容是转让方向受让人转让其所持有的公司股权，受让人按协议约定支付转让价款，因此付款是受让人的主要合同义务，受让人不履行协议义务构成违约行为，需要承担相应的责任。

转让方可以要求受让方继续履行《股权转让协议》，支付拖欠的转让价款，承担违约责任。《民法典》第五百八十三条规定："当事人一方不履行合同义务或者履行合同义务不符合约定的，在履行义务或者采取补救措施后，对方还有其他损失的，应当赔偿损失。"

如果受让方坚持不付款，转让方可以主张解除《股权转让协议》，要求受让方按协议约定承担违约责任，赔偿损失。《民法典》第五百六十三条规定："有下列情形之一的，当事人可以解除合同：（一）因不可抗力致使不能实现合同目的；（二）在履行期限届满前，当事人一方明确表示或者以自己的行为表明不履行主要债务；（三）当事人一方迟延履行主要债务，经催告后在合理期限内仍未履行；（四）当事人一方迟延履行债务或者有其他违约行为致使不能实现合同目的；（五）法律规定的其他情形。以持续履行的债务为内容的不定期合同，当事人可以随时解除合同，但是应当在合理期限之前通知对方。"经转让方多次催告，受让方仍不按期履行付款义务的，转让方可以主张解除双方签订的《股权转让协议》，将工商登记变更回转让之前的状态，并且，因违约解除股权转让合同，转让方仍然可以要求受让方承担违约责任。

对于以上两种方案的选择，需要转让方根据案件的实际情况来确定。例如，受让方出现重大经济危机，继续履行已经无法实现，这时转让方可以主张解除协议，避免遭受更大的损失，反之，可以选择继续履行协议。这种情形也给予公司股东们一定的警示：其一，在股权转让过程中，受让方支付股权转让款的时间节点至关重要，双方需综合考虑；其二，《股权转让协议》中应对双方的违约责任明确约定，以约束对方履行义务；其三，双方在签订协议时，可以约定合同解除的情形，为自己留下基本保障，避免钱权两空。

42 未进行工商变更登记是否影响《股权转让协议》的效力？

工商变更登记是股权转让中的重要一步，如果双方签订股权转让后未进行工商变更登记是否影响《股权转让协议》的效力呢？一方又是否有权根据《股权转让协议》要求另一方继续履行义务。下面我们结合一个案例来给大家解答。

以案说法（3-4）

2011 年 12 月，金某、丁某及石某、张某、王某共五人投入 1000 万元成立 B 公司，其中金某占 30%、丁某占 24%、石某占 30%、张某占 10%、王某占 6%。2012 年 7 月 23 日五位股东签订《股份转让协议》一份，载明：一、原 B 公司股东一致同意将公司股份全部转让给丁某；二、丁某出价 100 万元收购 B 公司；三、100 万元股份转让款由金某、石某、王某、郭某按原股份比例分配，丁某不参与分配；转让款项分配为金某394737元，石某394737元，张某131578元，王某78948元，丁某一个月之内（8月22日之前）分三次付清款项；四、支付方式……五、B公司于2012年7月24日起移交丁某管理，原加盟商合作关系归丁某延续所有，一切相关债权债务由丁某承担……

协议签订后，丁某及家人即接手经营管理公司业务，但未办理股份变更工商登记。同年7月底，丁某支付了石某的股份转让款，其他股份转让款未付。金某遂诉至法院，要求丁某支付股权转让款。丁某认为，双方当事人虽然于2012年7月23日签订了《股权转让协议》，但未主张办理公司重大事项的变更登记，仅凭《股权转让协议》不能设定其支付股权转让款的义务。

那么，股权转让过程中，未进行工商变更登记是否影响《股权转让协议》的效力?

本案中，原、被告及其他股东于2012年7月23日共同签订的股份转让协议系各方当事人真实意思表示，不违反有关法律规定，应确认有效。协议签订后，双方均应按约履行。是否办理工商变更登记并不影响《股权转让协议》的效力，根据该协议，相关权利人已履行了协议确定的相关义务，被告即应当按约履行付款义务，故原告要求被告支付转让款的诉讼请求合理合法。且被告未按约支付股权转让款，系违约，原告可以从被告付款期限届满的次日起按中国人民银行同期同类贷款基准利率计算利息损失。

因此，签订《股权转让协议》后未变更公司工商登记并不影响《股权转让协议》的效力，如转让方按照协议履行义务的，受让方应当给付股权转让款。在这里提示两点：第一，在签订《股权转让协议》时，双方对于付款、办理变更登记等事项的节点应格外注意并约定清晰，避免发生纷争；第二，《股权转让协议》生效即对协议双方产生了法律约束力，未办理变更登记虽不影响《股权转让协议》的效力，但是工商登记具有对外公示效力，双方仍需要按照流程办理，以便受让方完整有效的行使股东权利。

43 股东内部转让股权后公司只有一个股东了怎么处理？

《公司法》第二十四条规定："有限责任公司由五十个以下股东出资设立。"根据股东人数的不同，可以将有限责任公司分为一般有限责任公司和一人有限责任公司。一般有限责任公司的股东人数为2人（包括2人）以上、50人以下，一人有限责任公司则只有一个自然人股东或者一个法人股东。那么有限责任公司，股东内部转让了股权，转让后公司只剩下一位股东，此时应当如何处理呢？给大家提供以下三种方式。

其一，股权转让后，如果公司的情形符合法律一人有限责任公司的规定，股东可以将该有限公司变更登记为一人有限责任公司。《公司法》第二章第五十七条至六十三条对一人有限责任公司作出了规定，一人有限责任公司应满足下列条件：（1）股东符合法定人数，即一个自然人或法人；（2）有符合法律规定的认缴出资额及公司章程；（3）建立符合一人有限责任公司运行要求的组织机构，无须设立股东会；（4）有公司名称及住所；（5）市场监管部门要求满足的其他条件。特别提示，如果股东将有限公司变更登记为一人有限责任公司，需要注意个人财产与公司财产的混同问题，如若其不能证明公司财产独立于李某的个人财产，可能要对公司债务承担连带责任。

其二，股东可以通过对外转让股权的方式，吸纳新的股东加入该公司，以继续保证该公司符合"一般有限责任公司"的法律规定。这样也就不存在一般有限责任公司变更登记为一人有限责任公司的问题。

其三，如果股东无意自己独自承担继续经营管理某咨询有限公司的职责，依据《公司法》第十章的规定，以及其他相关法律法规，也可以通过法律渠道，将该公司解散，消灭该公司的法律人格。

44 股东转让股权后能否主张其持股期间的公司盈利分配？

股权转让后，转让方因主张其持股期间的公司盈利分配而与受让方产生纠纷的情况屡见不鲜。那么，该种情况下，原股东是否有权主张呢？我们结合一个案例进行解读。

以案说法（3-5）

2009 年 8 月 14 日，赵某和张某共同出资成立 H 公司。2012 年 5 月 12 日，赵某与张某签订《转让股权协议书》一份，约定赵某要求退股并转让股权给张某。同日，H 公司召开股东会，形成股东会决议，内容为：一、赵某按公司《章程》要求转让公司 40% 的股权，张某同意接收赵某的 40% 股权；二、张某同意赵某 40% 股权的转让价为 20 万元；三、张某接收赵某 40% 的股权后，占股 100%。

张某依约向赵某支付了 20 万元股权转让款，2012 年 5 月 21 日，H 公司进行了变更登记。然后，赵某认为其任公司股东期间公司未分配过利润，要求张某向其支付利润。经协商无果，赵某遂诉至法院，要求 H 公司、张某支付其担任股东期间的公司未分配利润 35 万元。另查明，在赵某转让股权之前，H 公司未召开过股东会对利润如何分配形成决议。

一方面，根据《公司法》的规定，公司的股东有权行使股东权利。股权是股东基于股东资格享有的、从公司获取经济利益并参与公司经营管理的权利。股东一旦转让股权，即丧失股东资格，亦无权行使股东权利。股权转让包括股东资格以及股东享有的股利分配请求权、剩余财产分配请求权、参与公司经营管理权等权利的转让。

另一方面，股权转让时，股东对股权价值可以通过对公司资产、负债情况的审查以及股东对公司经营预期等综合判断而确定。股东有权对股权的实际价值自行确定，并决定是否同意转让。本案中，张某与赵某2012年5月12日签订的《转让股权协议书》，对退股与转让、股权变更登记等均已做出明确的约定，该协议系赵某与张某就股权转让达成的整体协议。协议中，双方并未对公司之前的利润进行确定，也未赋予赵某仍享有股权转让之前的利润分配权。

所以股东转让股权后能否主张其持股期间的公司盈利分配，取决于公司股东会是否在股权转让发生前通过了股利分配方案。如果在股权转让前公司股东会已经表决通过股利分配方案，只是没有落实，股利分配方案通过后股东对股利就有独立于股权的债权请求权，转让方即使转让了股权也可以请求该分红；如果股利分配方案是在股权出让后通过的，由于分红收益权依附于股权，则转让方无权请求该分红。另外，转让方与受让方如果对股权转让前公司未分配利润的分配方式进行了明确的约定，该约定应当认定为有效，但是，原股东在股权转让后不能直接向公司主张该部分利润的分配，而只能向新股东进行主张。

第二节 公司对外股权转让纠纷

45 对外转让股权书面通知的内容如何界定？

以案说法（3-6）

A公司成立于2012年，注册资本5000万元。2016年，股东变更为杨某（持股60%）、钟某（持股34%）和陈某（持股6%），分别认缴出资3000万元、1700万元、300万元。2017年，钟某以手机短信的方式分别向股东杨某、陈某发出通知，载明：钟某作为A公司股东，拟对外转让所持有22%的股权，若杨某、陈某作为公司内部股东愿意购买，请于2017年1月23日前书面回复并与钟某协商转让事宜。逾期回复视为不同意购买，钟某将对外转让。陈某电话回复不愿意购买，杨某未予回复。2017年2月27日，钟某和第三方刘某签订《A公司股权转让协议》，但约定的是钟某将持有A公司34%股权全部转让给刘某。

我们来看一下，钟某算是合法履行了通知义务吗?

钟某认为转让股权的股东只需将“股权转让事项”通知其他股东即可，就算已履行通知义务，而杨某并未在法定期限内向钟某主张披露“同等条件”。

本案经过再审法院判决，再审法院认为钟某短信载明的转让股权数量与实际转让数量不符，依法认定钟某转让股权时未依法履行通知义务。

由此可见，对外转让股权的股东不仅需要向其他股东告知自己欲对外转让股权，还应当告知受让人、转让数量、转让价格、支付方式、履行期限等主要内容。在其他股东同意转让股权的情况下，其享有的优先购买权并不丧失，转让股东仍须就转让股权的同等条件再次通知其他股东。

此外，公司也可以在公司章程中对书面通知的方式和内容做出进一步详细的约定，避免在股权转让过程产生不必要的纠纷，例如，可以做出如下约定："转股方应当在获得拟受让方的要约后的三十天内，将拟受让方的身份、要约的价格、支付方式及其他主要交易条件书面通知给其他股东"。

从上述案例可以看出，有限责任公司股东对外转让股权时，除了要向其他股东通知股权转让的动议外，还要从尊重其他股东行使优先购买权的角度，将转让对象、数量、价格、支付方式及期限等交易的相关信息充分地告知其他股东，才能视为履行了《公司法》第七十一条规定的通知义务。

因此，股权出让方、受让方及其他股东在股权对外转让活动中须注意通知内容要点和程序如下。

（一）股权的出让方在计划对外转让股权时，不仅需要将股权转让的动议通知其他股东，还应当以书面或者其他能够确认收悉的合理方式向其他股东通知转让对象、数量、价格、支付方式及期限等事项。

（二）拟购买有限责任公司的外部受让方在受让股权前，应当对转让方是否已按《公司法》或公司《章程》的要求，将股权转让计划征求其他股东同意，告知其他股东股权转让的各项交易条件以及其他股东是否已放弃优先购买权。在获得其他股东放弃优先购买权的书面声明后再签署《股权转让协议》或支付转让价款。

46 书面通知有哪些送达的注意事项？

股东对外转让股权，依法应征得其他股东过半数同意。那么，如果公司股东对外转让股权，需要如何通知其他股东才符合法律规定，我们结合下面的案例来为大家解答。

以案说法（3-7）

H公司成立于2018年12月，股东包括张某、李某、王某，三人分别持有H公司60%、15%、25%的股权。2019年9月，李某欲将其持有的H公司的15%的股权转让给赵某。李某也清楚张某、王某拥有优先购买权，故将书面通知通过邮寄方式寄给了张某、王某的住址，一个多月过去了，张某、王某都没有主动联系李某讨论股权受让的事情，所以李某就和赵某签订了《股权转让协议》，将股权转让给赵某，还未办理工商变更登记之时，张某找到李某，告知自己刚刚知道了他要转让股权的事情，之前并未收到任何书面通知，现在不同意李某把股权转让给赵某。李某觉得很费解，自己明明已经按照《公司法》的规定进行了通知，现在因违反《股权转让协议》，自己将要向赵某支付巨额违约金，故不同意张某的说法。在无法调和的情况下，张某将李某诉至法院。

那么，本案例中，李某算是全面履行了书面通知的义务吗?

股东对外转让股权，应征得其他股东过半数同意。因有限责任公司具有人合性的特征，因此，这里征得其他股东过半数同意，不是以其持有的股权占公司全部股权半数，而是全体股东过半同意。本案中，李某向股东以外的赵某转让股权应征得其他两位股东张某、王某全部同意才行。如其中有人不同意，则不同意的股东应购买拟转让的股权。

征求其他股东同意的通知的方式。根据《最高人民法院关于适用<中华人民共和国公司法>若干问题的规定（四）》（以下简称《公司法司法解释四》）第十七条规定：“有限责任公司的股东向股东以外的人转让股权，应就其股权转让事项以书面或者其他能够确认收悉的合理方式通知其他股东征求同意。”

本案中，李某应以书面或其他能够确认其他股东收悉的方式通知，来征求其他股东同意，但在庭审调查中显示，张某早就不在李某寄送的地址居住，邮件显示被拒收，没有送达到张某，因此，法院判决李某未全面履行通知义务。

综上所述，股东对外转让股权征得其他股东同意的通知的送达也是股权对外转让的重要环节，需要保证书面通知能够确认其他股东收悉。具体来说，结合不同送达方式应注意以下要点。

如果通过特快专递或挂号信等方式送达，其快递回执、物流信息等需留存作为送达回执，可以通过关注邮寄签收状态确认是否为本人签收。

如果通过公证处公证的方式，也可以实现有效送达。送达人员在送达文书时，同时邀请公证处两名公证人员一同前往，一旦发生受送达人拒绝签收的情况时，送达人员在送达回证上记明拒收事实，并由公证人员在送达回证上签字作证，而后将文书留置于现场，从而完成送达程序。

47 股东对外转让股权是否应当经过其他股东同意？

之前我们讨论了股东内部转让的相关问题，那么，如果股东对外转让有限责任公司的股权，是否需要得到其他股东的同意呢？

《公司法》第七十一条规定：“股东向股东以外的人转让股权，应当经其他股东过半数同意。股东应就其股权转让事项书面通知其他股东征求同意，其他股东自接到书面通知之日起满三十日未答复的，视为同意转让。其他股东半数以上不同意转让的，不同意的股东应当购买该转让的股权；不购买的，视为同意转让。经股东同意转让的股权，在同等条件下，其他股东有优先购买权。两个以上股东主张行使优先购买权的，协商确定各自的购买比例；协商不成的，按照转让时各自的出资比例行使优先购买权。公司章程对股权转让另有规定的，从其规定。"

这一条是关于公司股权转让的规定，有限责任公司股权转让具有内部自由性与外部限制性，对于外部转让的限制性主要体现在两个方面，即是否同意和优先购买权。有限公司人合性较强，股东之间的信用和人情关系对公司治理的良性发展有重要意义，因此在股权转让过程中也会充分体现对人合性的保护。

股权对外转让时，应当经其他股东过半数同意，这里的过半数是指股东人数，充分考量了每位股东的真实意愿，相比"资本多数决"注重保护大股东的意愿，"人头多数决"更能保护有限责任公司的人合性。转让股东有义务向其他股东发出通知征求同意，其他股东应在接到通知之日起满三十日内答复，未答复则视为同意。明确表示不同意转让的股东应购买该转让股权，否则亦视为同意。

股权对外转让时，其他股东在同等条件下有优先购买权，"同等条件"作为对优先购买权人行使优先购买权的限制，是平衡转让人与优先购买权利益的关键。"同等条件"要求优先购买权人提出的受让条件与第三人之间的交易对价相同，因此，转让人与第三人之间的交易对价应当是能被替代或复制的，不应包含无法替代履行的给付。如果两个以上股东主张行使优先购买权的，协商确定各自的购买比例；协商不成的，按照转让时各自的出资比例行使优先购买权。股东主张优先购买转让股权的，应在公司章程规定的行使期间内提出购买请求。公司章程没有规定行使期间或者规定不明确的，以通知确定的期间为准，通知确定的期间短于三十日或者未明确行使期间的，行使期间为三十日。

此外，股权的对外转让还具有章程的自治性，股权整体转让包含人身利益与财产利益的双重转让，其中人身利益以股东资格为前提，人身利益的转让以股东资格的转让来实现。公司并非仅仅是财产的集合，而是具有独立意志的社团组织实体，因此，通过公司章程可以对股东对外转让股权的规则进行修改，例如规定股东对外转让股权应该经过其他股东一致同意，但出于保护产权的流通自由，如果章程中约定禁止股权转让，本条规定属于无效条款。

48 未经目标公司股东会决议转让股权，是否构成侵害股东优先购买权？

我国《公司法》第七十一条第二款规定“股东向股东以外的人转让股权，应当经其他股东过半数同意。股东应就其股权转让事项书面通知其他股东征求同意，其他股东自接到书面通知之日起满三十日未答复的，视为同意转让。其他股东半数以上不同意转让的，不同意的股东应当购买该转让的股权；不购买的，视为同意转让”。

那么，如果未经目标公司股东会决议对外转让股权，是否构成侵害股东优先购买权呢？我们结合下面的案例来为大家解答。

以案说法（3-8）

张某是某公司的股东，因急需资金，于是以1000万元的价格，将他持有的公司10%的股权转让给了王某，双方签订了《股权转让协议》，协议约定张某应当在协议签订之日起5日内，促成公司召开股东会并做出决议。此后张某书面通知了该公司的其他股东并附上书面同意书和放弃优先购买权的承诺书。但是王某在支付了500万元后，他听说张某一直没有召开股东会。于是他反悔了，找到了张某希望和他协商解除该协议，双方经过协商没有达成一致，于是王某将张某起诉至法院。王某认为股权转让没有经过股东会表决，侵犯了其他股东的优先购买权，因此股权转让是无效的。而张某认为股权转让是有效的，要求王某继续支付剩余的股权转让款。

我们来看一下，没有经过目标公司股东会决议，转让股权是否会侵害其他股东的优先购买权而无效呢?

本案中，协议中约定了张某有义务促成目标公司召开股东会，这是为了保障股权转让的顺利进行。虽然张某没有促成目标公司召开股东会，违反了协议的约定，但是根据前述《公司法》第七十一条的规定，可以得出，不是只有通过召开股东会才能够实现股权转让的，在履行了通知义务的情况下，没有召开股东会也可以进行股权转让。

因张某在王某起诉之前，经向其他股东发出了书面通知，取得了其他股东放弃优先购买权的书面承诺，符合书面通知的法律规定，因此张某并没有侵犯其他股东的优先购买权。因此也就不存在侵犯其他股东的优先购买权的情况。最终，法院经过审理认为，未经股东会决议不影响股权转让合同的效力，股权转让有效。王某应当继续履行。

综上所述，关于未经目标公司股东会决议转让股权，是否构成侵害股东优先购买权的认定问题，根据前述《公司法》第七十一条规定以及《公司法司法解释三》第二十一条规定，有限责任公司的股东向股东以外的人转让股权，未就其股权转让事项征求其他股东意见，或者以欺诈、恶意串通等手段，损害其他股东优先购买权，其他股东主张按照同等条件购买该转让股权的，人民法院应当予以支持。

但如果其他股东自知道或者应当知道行使优先购买权的同等条件之

日起三十日内没有主张，或者自股权变更登记之日起超过一年的，无法继续主张行使优先购买权。同时，如果其他股东仅提出确认股权转让合同及股权变动效力等请求，未同时主张按照同等条件购买转让股权的，人民法院也不予支持，但其他股东非因自身原因导致无法行使优先购买权，请求损害赔偿的除外。

此时，如果股东以外的股权受让人，因股东行使优先购买权而不能实现合同目的的，可以依法请求转让股东承担相应民事责任。

49 其他股东不同意对外转让股权时，该怎么办？

《公司法》规定，股东向股东以外的人转让股权，应当经其他股东过半数同意。

那么其他股东都不同意他对外转让股权，该怎么办？我们结合下面的案例为大家解答。

以案说法（3-9）

W公司是一家纺织品公司，成立于2004年，股东包括刘某、周某、王某，三人分别持有W公司40%、30%、30%的股权。2018年3月，刘某欲将其持有的W公司全部股权转让，所以找到周某、王某商议，周某和王某表示因不想让其他人入股参与公司管理，故不同意刘某对外转让，刘某提议不如周某、王某将股权购买，股权转让对价为126万，周某和王某明确表示没有收购的资金和意向，这个时候，赵某找到刘某，表示愿意以126万受让刘某在W公司的股权，这个时候刘某感到非常为难，其他股东都不同意他对外转让股权，该怎么办？

《公司法》第七十一条规定："股东向股东以外的人转让股权，应当经其他股东过半数同意。股东应就其股权转让事项书面通知其他股东征求同意，其他股东自接到书面通知之日起满三十日未答复的，视为同意转让。其他股东半数以上不同意转让的，不同意的股东应当购买该转让的股权；不购买的，视为同意转让。公司章程对股权转让另有规定的，从其规定。"

法条里面的"过半数"指的是除转让方以外的股东人数过半，并不是按出资比例。本案中，周某、王某需要都同意，刘某才能对外转让股权，但是周某、王某不同意也不受让，刘某就应该通过法定程序来固定股权对外转让流程均合法合规的事实，留下周某、王某既未明确同意又不行使优先购买权的证据，然后通过法定流程正常进行股权转让。

合法合规股权对外转让的流程只要每一步都做到位，即便股东既不明确同意转让又不行使优先购买权时，股权转让也可以正常完成，不会受阻。转让流程如下。

（1）股权转让双方进行协商

这一步主要是针对股权转让的标的、份额、价款等内容达成初步的意向。在此过程中，出让方和受让方可以签订《股权转让意向书》，就双方谈判的一些基本内容进行确定。本案中，刘某可以和赵某签订《股权转让意向书》，约定好股权转让的价格和履行方式。

（2）以书面方式征得其他股东过半数同意

由于其他股东拥有优先购买权，所以必须先确认其他股东已经放弃了优先购买权才能进行股权转让。刘某可以通过召开股东会的方式进行表决，让股东做出放弃优先购买权的声明。或者书面通知公司其他股东，要求他们在30天内就是否同意此次转让、是否行使优先购买权进行表态。如果其他股东不同意，他也只能通过行使优先购买权的方式阻止出让方对外转让股权，否则，法律上会默认视为其同意转让。

（3）签订股权转让合同

出让方与受让方应签订正式的《股权转让合同》，具体包括：当事人双方基本情况；转让方与受让方的名称、住所、法定代表人的姓名、职务、国籍等；公司简况及股权结构；转让方的告知义务；股权转让的份额，股权转让价款及支付方式；股权转让的交割期限及方式；股东身份的取得时间约定；股权转让变更登记约定，实际交接手续约定；股权转让前后公司债权债务约定；股权转让的权利义务约定；违约责任；适用法律争议解决方式；通知义务、联系方式约定；协议的变更、解除约定；协议的签署地点、时间和生效时间。

（4）变更公司股权转让的记载

签订《股权转让合同》后，公司应对股东名册进行变更登记，收回原股东的出资证明，注销原股东名册。同时，发给新股东对应的出资证明，将新股东的姓名或名称，住所地及受让的出资额记载于股东名册，并相应修改公司章程。

（5）向市场监督管理部门申请公司变更登记

根据《市场主体登记管理条例》第 24 条规定："市场主体变更登记事项，应当自作出变更决议、决定或者法定变更事项发生之日起 30 日内向登记机关申请变更登记。市场主体变更登记事项属于依法须经批准的，申请人应当在批准文件有效期内向登记机关申请变更登记。"

50 股东对外转让股权未经配偶同意，《股权转让协议》是否有效？

股权作为一项特殊的财产权，除其具有的财产权益内容外，还具有与股东个人的社会属性及其特质、品格密不可分的人格权、身份权等内容。现行法律并未规定婚姻存续期间夫妻以一方名义持有的股权为夫妻共同财产。

那么，如果股东对外转让股权未经配偶同意，《股权转让协议》是否有效呢？我们结合下面的案例来为大家解答。

以案说法（3-10）

2011 年 10 月至 12 月，张某与刘某先后签订两份《股权转让协议》，约定张某将其在 Y 贸易公司的原始股份作价转让给刘某。刘某按约向张某共付款 6700 万元后，双方办理了工商变更登记。2011 年 12 月底，张某将 6700 万元转让款全部退回刘某，并要求刘某返还持有的 Y 贸易公司全部股权，刘某未同意。2012 年 5 月，张某与妻子艾某至法院，以诉争股权系夫妻共同财产且股权转让未经艾某同意为由，请求确认张某与刘某签订的《股权转让协议》无效。

本案历经一审、二审，最高法院认为，本案《股权转让协议》主体适格，意思表示真实准确，不违反我国《合同法》《公司法》的强制性规定，认定该《股权转让协议》有效。

2004 年实施的《公司法司法解释二》第十六条规定，夫妻以一方名义在有限责任公司的出资额为夫妻共同财产，2021 年施行的《最高人民法院关于适用 < 民法典 > 婚姻家庭编的解释（一）》第七十三条沿袭了此表述。由此可见，除非另有约定，婚姻存续期间夫妻一方在公司的出资额为夫妻共同财产，而法律并未规定夫妻以一方名义持有的股权为夫妻共同财产。

股权作为一项特殊的财产权，如无特别约定，对于自然人股东而言，股权仍属于商法规范内的私权范畴，其各项具体权能应由股东本人独立行使，不受他人干涉。

《公司法》规定，股权的合法转让主体是股东本人，夫妻一方为股东的，在向股东以外的人转让股权时，应依照《公司法》第七十一条之规定，经其他股东过半数同意。而现行法没有规定股东转让股权需经股东配偶的同意。因此，结合本文案例，张某转让其持有的Y贸易公司的股权，与刘某签订了《股权转让协议》，即使未经艾某同意，也不影响《股权转让协议》的效力。

综上所述，夫妻婚后一方以共同财产投资取得股权本身不是夫妻共同财产，股权不能成为共有的对象，但股权所对应的财产性价值属于夫妻共同财产。因此建议股东在进行股权转让时，即便未经配偶同意，在严格遵守《公司法》第七十一条关于股权转让流程的规定的条件下，《股权转让协议》就是有效的。另一方面，虽然股东转让股权时未经其配偶的同意，《股权转让协议》仍然有效，但为了避免协议签订后股东配偶主张合同效力瑕疵，产生不必要的争讼，建议股权的受让方在接受股权转让时，能够事先征询股东配偶的同意并取得书面意见。

51 股权转让后，股权受让方要承担原股东未实缴出资部分的责任吗？

我们都知道，现在大多数公司都采取资本认缴制。那么，在股权对外转让中，如果原股东存在未实缴出资的情况，股权受让方是否要承担原股东未实缴出资部分的责任呢？

我们结合以下案例来进行解答。

以案说法（3-11）

王某是某公司的股东，2016年某公司正式成立，公司章程规定公司的注册资本为500万元。王某出资100万元，占公司股权的20%，应当于2019年12月31日之前缴足。公司成立以后，王某陆续缴纳了出资50万元，但还有50万元没有出资到位。2018年王某与张某签订了股权转让合同，约定张某支付100万元，购买王某在公司的股权。双方签订了《股权转让合同》以后，取得了其他股东的一致同意，并且公司也为张某办理了股权变更登记。此后，公司多次要求张某履行实际出资义务，但是他都拒绝了，他认为自己支付的股权转让价款，就应该包括实缴出资的部分。在公司章程规定的实缴期限过后，公司将张某起诉到了法院，要求他按照公司章程的约定履行实际出资义务。

张某被起诉以后，觉得自己非常冤枉，因为他觉得自己已经向王某支付了股权转让价款，公司为什么还要来追究自己的责任呢?

我国的《公司法》对于股东出资实行的是认缴制，也就是说，公司成立是不需要股东实缴出资到位。那么，如果股东未实缴出资到位，又将股权转让给其他人，未实缴出资部分的责任，应当由谁来承担呢?《公司法司法解释三》第十八条规定，有限责任公司的股东未履行或者未全面履行出资义务及转让股权，受让人对此知道或者应当知道，公司请求该股东履行出资义务，受让人对此承担连带责任的，人民法院应予支持;公司债权人依照本规定第十三条第二款向该股东提起诉讼，同时请求前述受让人对此承担连带责任的，人民法院应予支持。

由此可见，根据司法解释的规定，受让人在知道或者应当知道股东未履行或未全面履行出资义务的情况下，需要对股东出资义务承担连带责任。本案中，张某对其所受让的股权，未实际出资的部分，仍然要承担相应的法律责任。

本案中，张某完全可以说自己不知道王某没有出资到位的情况，这样他不就没有责任了吗？现在的大数据手段非常发达，要做到知道或者应当知道是非常容易的。投资者在投资的过程中完全可以通过国家企业信用信息公示系统等工具，去查询公司的实缴注册资本情况。如果连这一点也做不到是非常难说服别人的。回到本案中，张某支付了100万元用于购买王某在某公司的股份，但是由于这部分股权一直没有实缴到位，所以张某要对此承担相应的法律责任。

那么张某就只能吃哑巴亏了吗？也不是，法律其实考虑到了这种情况，并对受让人如何维护自己的利益做了相关的规定。《公司法司法解释三》第十九条第二款规定，受让人根据前款规定承担责任后，向该未履行或者未全面履行出资义务的股东追偿的，人民法院应予支持。但是当事人另有约定的除外。也就是说即使张某承担了未出资的法律责任，向公司缴纳了50万元的出资款，他还可以向股权的转让方王某进行追偿，维护自己的合法权利。但是缴纳出资款并且向王某追偿，都会增加张某的经济负担和维权成本。并且如果王某的经济状况出现问题，即使张某拿到了一纸胜诉判决，也可能难以得到执行。

综上所述，在股权对外转让中，如果受让人知道或者按照常理判断应当知道有限责任公司的股东未履行或者未全面履行出资义务的情况，受让人应当对原股东未实缴部分的出资义务承担连带责任。但是，受让人根据前款规定承担责任后，依法有权向该未履行或者未全面履行出资义务的股东追偿。因此，需要提醒股权对外转让交易中的受让人，一定要提前了解所受让股权的基本情况，并且针对性地拟定相应的股权转让条款。

52 股东在认缴期限届满前对外转让股权，是否还需要承担清偿责任？

最高人民法院颁布《全国法院民商事审判工作第九次会议纪要》（以下简称《九民纪要》）规定：在注册资本认缴制下，股东依法享有期限利益。债权人以公司不能清偿到期债务为由，请求未届出资期限的股东在未出资范围内对公司不能清偿的债务承担补充赔偿责任的，人民法院不予支持。但是，下列情形除外：（1）公司作为被执行人的案件，人民法院穷尽执行措施无财产可供执行，已具备破产原因，但不申请破产的；（2）在公司债务产生后，公司股东（大）会决议或以其他方式延长股东出资期限的。

那么，如果股东在认缴期限届满前对外转让股权，是否还需要承担清偿责任呢？我们结合下面的案例来为大家解答。

以案说法（3-12）

2010年7月21日，北京A公司（借款人）向孙某（出借人）借款2100万元，后贷款逾期。2012年7月13日，B资本公司和C公司作为新增担保人，同意为北京A公司向孙某的借款提供连带还款担保。工商登记记载，B资本公司在成立时，两个股东分别是安徽D公司和北京A公司，其中安徽D公司认缴出资9900万元，北京A公司认缴出资100万元。安徽D公司有6930万元出资未到位，其展期至2015年2月1日出资完毕。2013年5月28日，安徽D公司同意将其持有的安投资本99%的股权转让给F公司。2013年7月15日孙某提起诉讼，孙某主张：北京A公司承担还款责任；B资本公司对上述债务负连带责任；安徽D公司在未出资6930万元本息范围内，对B资本公司不能清偿的债务，向孙某承担补充赔偿责任。

我们来看一下，股东在认缴期限届满前对外转让股权，是否还需要承担清偿责任呢?

本案中，安徽D公司是B资本公司的大股东，认缴出资9900万元，到2015年2月1日缴付完毕。2013年5月28日，安徽D公司与F公司签订《股权转让协议》，将其持有的B资本公司99%的股权转让给F公司，并将股东的权利义务一并转让。参照前述《九民纪要》规定，最终，法院经过审理认为，安徽D公司在出资义务尚未到期的情况下转让股权，不属于出资期限届满而不履行出资义务的情形，安徽D公司不应再对公司承担出资责任。

综上所述，关于股东在认缴期限届满前对外转让股权，是否还需要承担清偿责任的问题，参照前述《九民纪要》的规定，在注册资本实行认缴制后，即使股东认缴成立的公司不能清偿债务，其到期前的出资承诺也不能被强制加速到期。

股东认缴出资的行为实质是股东个人对公司及公司债权人的担保行为，该担保行为在股东与公司债权人之间形成一种担保之债。该出资承诺通过工商登记予以公示，公司的交易相对方（债权人）对此有信赖利益存在，该出资承诺通过股权转让的方式进行转移的，必须经公司及公司债权人同意，否则其做出的出资承诺并不能随着股权转让而免除。因此，如果允许股东随意转移出资责任，其认缴承诺的担保功能便无法实现，同时也会出现股东因规避责任而将出资责任擅自转移给无经济实力的第三人从而损害债权人利益的现象。

公司作为市场主体，具有独立的财产权，在认缴制度下，交易相对人对认缴股东是谁、认缴期限是多长当然会有不同的信赖。不过，本文也认为，股东在认缴期限届满前对外转让股权的，其应当对股权转让前的公司债务在认缴范围内承担补充责任，但不应对股权转让后（公示后）

的公司债务则无须承担任何责任。

53 未实缴出资的股东在出资期限届满前转让股权，能否被追加为被执行人？

根据《最高人民法院关于民事执行中变更、追加当事人若干问题的规定》第十九条规定，作为被执行人的公司，财产不足以清偿生效法律文书确定的债务，其股东未依法履行出资义务即转让股权，申请执行人申请变更、追加该原股东或依公司法规定对该出资承担连带责任的发起人为被执行人，在未依法出资的范围内承担责任的，人民法院应予支持。

那么，如果未实缴出资的股东在出资期限届满前转让股权，能否被追加为被执行人？我们结合下面的案例来为大家解答。

以案说法（3-13）

甲公司注册资金20000万元，周某认缴出资2000万元，实缴400万元；许某认缴18000万元，实缴3600万。出资期限为2018年5月22日。2015年3月16日，许某将其持有的甲公司80%股权转让给周某，10%股权转让给王某。2018年4月18日，周某将其持有的90%股权转让给邹某。2016年3月31日，最高人民法院判决甲公司向乙公司支付股权转让款4880万元及利息。因甲公司未履行上述给付义务，乙公司向最高人民法院申请执行。最高人民法院指令中级人民法院执行。其后，乙公司申请追加许某、周某为被执行人，中级人民法院裁定驳回其异议请求。乙公司不服，提起执行异议之诉。一审中，中级人民法院判决追加许某、周某为被执行人，在其欠缴出资范围内对甲公司债务承担清偿责任。二人不服，向最高人民法院提起上诉。

本案中，周某2018年5月22日出资期限届满，其于2018年4月18日转让股权。此时公司已不能清偿案涉债务，且周某已被乙公司申请追加为被执行人。根据《最高人民法院关于民事执行中变更、追加当事人若干问题的规定》第十九条规定，本案法院经审理认为，周某在出资期限即将届满之前的诉讼过程中转让股权，具有转让股权以逃废出资义务的恶意，不能免除补足出资的义务。而许某转让股权时，金洲公司有偿债能力，故其不应被追加为被执行人。

由此可见，关于未实缴出资的股东在出资期限届满前转让股权，能否被追加为被执行人的问题，根据前述法律规定，对于出让人而言，转让股权后仍有被追加为被执行人的风险。股东未实缴出资，出资期限届满前转让股权，若在股权转让时公司财产无力偿债，且出让人已因公司不能偿债而涉诉，则极有可能被法院认定为逃避出资义务恶意转让股权，从而被追加为被执行人，在欠缴出资范围内承担公司债务的清偿责任。

对于受让人而言，即使股权转让程序合法，法院也会根据转让背景、时间等因素综合判断股权转让是否有瑕疵。因此，在受让股权时，应当审查出让人是否实缴出资、是否抽逃出资、出资期限是否届满等因素，进而确保自身利益不受损害。

债权人可申请追加瑕疵转让股权的股东为被执行人从而实现债权。债权人若有证据证明债务人公司原股东有恶意转让股权、抽逃出资的情形，可向法院申请追加其为被执行人。即使确定债权的案件进入再审程序，也不影响追加被执行人的执行异议之诉案件的审理。

综上，股东未实缴出资，并在出资期限届满前将股权转让给他人，若股权转让时公司已无偿债能力，应当认定该股东存在逃废出资的故意，则该股东应当被追加为被执行人。反之，则不应当被追加为被执行人。

54 未经实际出资人的同意，名义股东对外转让股权是否有效？

《公司法司法解释三》第二十五条规定，名义股东将登记于其名下的股权转让、质押或者以其他方式处分，实际出资人以其对于股权享有实际权利为由，请求认定处分股权行为无效的，人民法院可以参照《民法典》第三百一十一条的规定处理。

《民法典》实施后，原《物权法》废止，对应着原《物权法》第一百零六条的是《民法典》的第三百一十一条。《民法典》第三百一十一条规定，无处分权人将不动产或者动产转让给受让人的，所有权人有权追回；除法律另有规定外，符合下列情形的，受让人取得该不动产或者动产的所有权：（一）受让人受让该不动产或者动产时是善意的；（二）以合理的价格转让；（三）转让的不动产或者动产依照法律规定应当登记的已经登记，不需要登记的已经交付给受让人。

那么，如果未经实际出资人的同意，名义股东对外转让股权是否有效呢？我们结合下面的案例来为大家解答。

以案说法（3-14）

2014年，张某和李某签订了《股权委托管理协议》，根据协议的规定，将股权登记在李某的名下，张某是实际的股东，李某是名义股东。2016年，名义股东李某没有经过实际股东张某的同意，将其持有的公司30%股权转让给了陈某，张某得知以后将李某起诉到了法院，要求确认《股权转让协议》无效。

我们来看一下，没有经过实际出资人的同意，名义股东私自对外转让股权是否有效？

本案中，李某作为某公司的名义股东，实际上是受到张某的委托来管理公司的股权，他并不享有公司的股东权利。同时，根据他们签订的《股权委托管理协议》，也没有授权李某来处分张某在公司的股权，所以说李某既不是股权的权利人，也没有被授权处分该股权。因此，他对外转让股权的行为属于无权处分。另本案经过调查发现，陈某支付的股权转让价格不到股权实际价值的一半，不属于合理价格。陈某不符合前述《民法典》第三百一十一条规定的善意取得的条件，张某是可以追回自己股权的。最终，法院经审理认为陈某不构成善意取得，且事后没有得到张某的追认，李某无权转让张某的股权，该股权转让行为无效。

综上所述，关于未经实际出资人的同意，名义股东私自对外转让股权是否有效的问题的认定，根据前述《公司法司法解释三》第二十五条规定及《民法典》第三百一十一条的规定，一般情况下，如果没有得到实际出资人的同意，名义股东转让股权的属于无权处分行为，实际出资人有权要回自己的股权。但是也有例外情况，比如说股权受让人是善意取得，支付了合理的价格，并且办理了工商登记，在这种情况下实际出资人就无权要回自己的股权了，他只能向名义股东主张赔偿。

另外，如果说实际出资人事后认可了股权转让行为，也是可以的，但是也有例外情况。如果说股权的受让人是善意取得，支付了合理的价格，并且办理了变更登记，实际出资人也无法要回自己的股权了，他只能够向名义股东主张赔偿。

第四章　股东权利纠纷

第一节　股东知情权纠纷

55 股东是否有权查阅制作公司会计账簿涉及的有关凭证？

我们都知道股东依法享有知情权，那么具体到该知情权的内容，股东是否有权查阅制作公司会计账簿涉及的有关原始凭证呢？我们结合以下案例来进行分析。

以案说法（4-1）

甲公司于2015年2月27日设立，公司类型为有限责任公司，注册资本为3000万元，股东为乙公司和丙公司。

2018年3月27日，A律师事务所律师代表丙公司向甲公司发出《律师函》，要求甲公司将自公司成立以来的全部公司章程、股东会会议记录、董事会会议决议、监事会会议决议、财务会计报告、公司会计账簿（含总账、明细账、日记账、其他辅助性账簿）和会计凭证（含记账凭证、相关原始凭证及作为原始凭证附件入账备查的合同等有关资料）的原件完整备置于甲公司的住所地以供丙公司律师查阅和复制，并向其完整提供上述材料的纸质复印件。甲公司于2018年3月28日收到该《律师函》后并未答复。丙公司遂向法院提起股东知情权纠纷之诉，并就请求法院支持其查阅公司会计原始凭证提出再审申请。

《公司法》第三十三条第二款规定："股东可以要求查阅公司会计账簿。股东要求查阅公司会计账簿的，应当向公司提出书面请求，说明目的。公司有合理根据认为股东查阅会计账簿有不正当目的，可能损害公司合法利益的，可以拒绝提供查阅，并应当自股东提出书面请求之日起十五日内书面答复股东并说明理由。公司拒绝提供查阅的，股东可以请求人民法院要求公司提供查阅。"也就是说，虽然《公司法》明确规定了股东查阅会计账簿的权利，但并没有规定股东能否查阅会计账簿的原始凭证。那么，该如何确定股东是否有权查阅制作公司会计账簿涉及的有关凭证呢?

首先，股东查阅公司会计账簿应以正当目的且不损害公司合法利益为前提。比如在上述案例中，丙公司系甲公司的股东，股东对于公司的运营状况享有知情权，有权查阅公司的公司章程、股东会会议记录、董事会会议决议、监事会会议决议、财务会计报告、会计账簿等相关资料。

其次，《中华人民共和国会计法》第十三条第一款规定："会计凭证、会计账簿、财务会计报告和其他会计资料，必须符合国家统一的会计制度的规定。"第十四条第一款规定："会计凭证包括原始凭证和记账凭证。"根据前述法律规定，会计账簿不包括原始凭证和记账凭证。

最后，股东知情权和公司利益的保护需要平衡，因此不应当随意超越法律的规定扩张解释股东知情权的范畴。现行《公司法》仅将股东可查阅财会资料的范围限定为财务会计报告与会计账簿，没有涉及原始凭证。通过司法实践也可以看出，多数法院判决不支持股东查阅公司原始凭证的请求。

综上所述，现行《公司法》第三十三条未赋予股东查阅公司原始凭证的权利，因此，股东请求查阅制作公司会计账簿涉及的有关原始凭证的，不能被支持。

56 股东向公司发送了律师函，能否要求查阅公司账簿？

以案说法（4-2）

黄某龙与张家口市WL运动旅游有限公司（以下简称WL公司）因股东知情权纠纷产生诉讼，该案历经河北省廊坊市中级人民法院、河北省高级人民法院两个阶段。在二审中，黄某龙与WL公司就黄某龙关于要求查阅WL公司自2003年6月20日起至判决生效之日止的公司会计账簿（含总账、明细账、日记账及其他辅助性账簿）和会计凭证（含记账凭证、原始凭证及作为原始凭证附件入账备查的有关资料）产生争议，黄某龙委托律师向WL公司发送律师函，该函表明了查阅的请求、范围并说明了查阅目的，但公司未予理会。

那么，股东委托律师向公司发送查阅账簿的律师函，而非以自己的名义向公司发送查阅请求，是否符合法律规定的要件，其能否查阅呢?

法院在裁判时认为，首先，根据《公司法》第三十三条第二款“股东可以要求查阅公司会计账簿。股东要求查阅公司会计账簿的，应当向公司提出书面请求，说明目的。公司有合理根据认为股东查阅会计账簿有不正当目的，可能损害公司合法利益的，可以拒绝提供查阅，并应当自股东提出书面请求之日起十五日内书面答复股东并说明理由。公司拒绝提供查阅的，股东可以请求人民法院要求公司提供查阅”的规定，黄某龙作为公司股东在提出书面请求说明目的，且目的正当的情况下可以查阅公司会计账簿。其次，该案中虽然黄某龙并未以自己的名义直接向万龙公司提出书面请求并说明目的，但该法律规定上述前置程序的目的应是规范股东查阅对公司较为重要的会计账簿时的行为，并为公司档案留存相应书面材料，因此，对该前置程序的理解不应过于僵化，在该案中黄某龙委托律师向WL公司发送律师函（该函表明了查阅的请求、范围并说明了查阅目的）的行为也应视为履行了上述前置程序规定。再次，WL公司在对涉案律师函的书面回复和该案审理中，均未提出黄某龙查阅会计账簿具有不正当目的，更未就此提供相应的证据。最后，虽然上述法律规定中只明确了股东可以查阅会计账簿，对会计凭证并未明确规定，但考虑黄某龙在该案中主张其查阅会计账簿的主要目的是了解公司的财务状况和经营状况，且其仅是WL公司的小股东，从利益平衡以及确保信息真实的角度，也可以不对股东知情权的范围限制过于严格，将会计凭证也纳入该案可以查阅的范围。

综上，我们可以看出，股东查阅公司的财务会计账簿，首先需要依法向公司提出请求，表明目的；其次，公司认为股东具有不正当目的的，可以拒绝提供、责令说明理由；再次，公司对于股东查阅财务会计账簿的前置程序不宜过于僵化，对股东提出请求的形式也应当灵活；最后，关于会计凭证的查阅权，存在一定争议，司法实践中的观点也不统一，应结合具体案件进行分析。本案中，考虑黄某龙小股东的身份及其查阅目的，判定可以将会计凭证纳入查阅范围。

57 股东知情权受到损害该如何保护？

股东知情权是股东了解和参与公司经营管理、维护自身股东权利的重要权利，当股东的知情权受到侵犯，其投资的目的即取得分红则可能无法实现或无法得到充分实现。一般来说，股东行使知情权包括提起知情权诉讼并不是目的，而只是达到某种目的的一种手段。在股东知情权纠纷背后往往隐藏着股东与公司或股东与其他股东或董监高其他争议，如损害赔偿争议。所以，深入了解股东知情权，对股东进一步保护股东权益具有十分重要的意义。

根据《公司法》第三十三条规定，股东有权查阅、复制公司章程、股东会会议记录、董事会会议决议、监事会会议决议和财务会计报告。股东可以要求查阅公司会计账簿。股东要求查阅公司会计账簿的，应当向公司提出书面请求，说明目的。公司有合理根据认为股东查阅会计账簿有不正当目的，可能损害公司合法利益的，可以拒绝提供查阅，并应当自股东提出书面请求之日起十五日内书面答复股东并说明理由。公司拒绝提供查阅的，股东可以请求人民法院要求公司提供查阅。另根据《公司法》第九十七条规定，股东有权查阅公司章程、股东名册、公司债券存根、股东大会会议记录、董事会会议决议、监事会会议决议、财务会计报告，对公司经营提出建议或者质询。

从以上法律规定可以看出，股东知情权是所有股东的一项固有权益，无论是有限责任公司的股东还是股份有限公司的股东，其知情权都受到法律的保护。但是，上述法律规定也反映出，公司有合理根据认为股东查询会计账簿有不正当目的，可能损害公司合法权益的，可以十五日内书面拒绝。但是，对于其他非核心资料的查询申请，公司无权拒绝。

综上所述，股东知情权受到损害时，股东可以通过诉讼的方式行使知情权保护。但是，在执行过程中往往会出现很多障碍。知情权纠纷案件进入到执行程序后，被执行人可能无法向股东提供生效判决要求的完整、合规的文件，致使案件难以执行，影响了执行的规范和效率，损害司法权威。在这种执行不能的情况下，鉴于股东知情权的执行不涉及财产给付义务，有的法院要求申请执行人撤销执行予以终结，有的法院会直接予以终结执行。执行过程中公司提出文件丢失或不存在的抗辩，股东又不愿意放弃权利，法院直接作出终结执行的裁定，加之法律未明确规定相关文件缺失的责任主体和责任承担方式，股东的知情权很难得到有效实现。对此，执行法院应当严格审查公司是否存在无法提供文件的正当理由，根据不同的原因情形，向有关的部门发出司法建议并提出处理意见，或者对阻碍执行的相关人员依法采取罚款、拘留等措施。

第二节　请求公司收购股份纠纷

58 什么情形下股东可以请求公司回购股份？

（1）股东请求公司回购股份的必要性

股份回购在西方发达国家被普遍运用，是成熟资本市场上实施反收购策略的重要工具和常规武器。股份回购不仅可以抑制过度投机行为，有利于熨平股市的大起大落，促进证券市场的规范、稳健运行；还有利于建立员工持股制度和股票期权制度。

（2）股份回购的法定情形

我国《公司法》第一百四十二条规定了股份有限公司股份回购的情

形：（一）减少公司注册资本；（二）与持有本公司股份的其他公司合并；（三）将股份用于员工持股计划或者股权激励；（四）股东因对股东大会作出的公司合并、分立决议持异议，要求公司收购其股份；（五）将股份用于转换上市公司发行的可转换为股票的公司债券；（六）上市公司为维护公司价值及股东权益所必需。

相较于有限责任公司，股份有限公司相关规定增加了减少公司注册资本、与持有本公司股份公司合并、股权激励、转换为可转股债券四种形式，但减少了连续五年不分红、转让主要财产、公司解散三种情形。两者之间只有公司合并、分立两种情形相类似。

通过上述情形可知，有限责任公司股权回购的情形主要涉及股东的根本利益被侵害或者股东就公司特别重大事项产生分歧时，其中，股东根本利益是分红权，公司特别重大事项是公司合并、分立、解散、主要资产变动。在上述情形之外，虽然股东亦可能产生分歧，但不足以牺牲公司利益为代价予以保护，故不再列入允许回购的范围。而股份有限公司资合性更强，虽然《公司法》第一百四十二条列举了六种情形，但相较于有限责任公司的规定，第一百四十二条对公司的保护更为严格。其中，第（1）（2）项本身即属于股东议定资本减少的情形，第（3）（5）项只是临时性资本减少，只有第（4）项是法定的以资本减少换取公司存续的情形。

59 投资人是否能同时适用业绩补偿及股权回购？

实践中，投资人与目标公司原股东签订对赌协议，往往会同时设置业绩补偿和股权回购条款，以达到“双保险”的目的，确保投资收益，确保能够顺利退出。

但是，当业绩补偿条款和股权回购条款条件同时成就时，投资方向融资方同时主张业绩补偿和股权回购能否得到支持呢?

我们来看看下面一则真实案例中法院是怎么判决的。

以案说法（4-3）

2015年8月4日，QHSS与目标公司XHHL集团实际控制人徐某等人签订协议，约定QHSS按照目标公司投前估值人民币100亿元的价格，受让徐某等人转让的目标公司股权。同时约定对赌条款如下。

1. 业绩承诺指标：目标公司2015年经审计的扣除非经常性损益的税后净利润需达到2015年预测净利润（¥10.5亿元）的60%。否则，投资方有权选择：（1）要求原股东中任意一方或多方受让投资方持有的目标公司的部分股权；（2）要求原股东中的任意一方或多方向投资方无偿转让所持有的目标公司的部分股权作为补偿。

2. 挂牌承诺：如目标公司在2016年12月31日之前未在全国中小企业股份转让系统或其他交易所挂牌的，则投资方有权选择要求原股东中任意一方或多方或其实际控制人受让投资方持有的目标公司全部股份，支付投资方对价为投资方的投资款加上自投资款到账之日至投资方收到回购或受让款期间的利息。

后因目标公司未完成业绩和挂牌目标，QHSS于是向法院诉请要求徐某等人：（1）回购QHSS持有的全部目标公司股权；（2）业绩补偿折价款、股权回购违约金、业绩补偿违约金等。

法院认为，从协议内容来看，涉案协议实质为对赌协议，本案对赌协议虽然同时约定了2015年业绩承诺和2016年挂牌承诺，但是从合同目的及对赌标的角度来看，主要是投融资双方因对赌而产生的股权回购；其次，QHSS企业作为投资人要求目标公司各股东进行业绩补偿，QHSS企业依然保持XHHL公司股东身份不变，但是QHSS企业要求回购股权，实质是退出 XHHL 公司，不再拥有股东身份，两者存在一定矛盾。再次，如 XHHL 公司在 2016 年 12 月 31 日之前未完成挂牌，则之前的业绩很可能未达到相应要求，从协议约定的业绩补偿方式来看，补偿方式之一为“要求原股东中任意一方或多方受让投资方持有的目标公司的部分股权”，该方式与股权回购义务有重合之处，说明 XHHL 公司未如期挂牌的法律后果中已经处理了业绩补偿，QHSS 企业单独索要的 2015 年业绩补偿，存在重复计算。综上，本院依据协议，仅支持 QHSS 企业关于股权回购本金、利息及违约金的主张，对于业绩补偿折价款及业绩补偿违约金的主张不予支持。

但是，有观点认为，一方面，投资方要求大股东和目标公司履行协议约定的业绩补偿义务前提是投资人享有股东身份。投资方在保持目标公司股东身份不变的情况下，要求回购股权，实质是退出目标公司，不再拥有股东身份，两者存在矛盾。投资方在主张股权回购的同时即丧失了要求目标公司进行业绩补偿的权利。另一方面，对赌条款首要目的与出发点是用该激励机制督促目标公司正常经营发展，从而实现投资方的投资回报，而非让私募股权投资机构获得投资的绝对保障或者获取较高的投资回报。

综上所述，鉴于目前司法实践尚未完全统一裁判规则。笔者认为，如果对赌协议中同时约定了业绩补偿与股权回购，二者均属于投融资双方的真实意思表示、已达到触发条件且不违反法律法规强制性规定情形下，司法不应过多干预，这也体现意思自治的契约精神。

60 股份有限公司能否收购本公司股份？

一般情况下，股份有限公司不能收购本公司股份。但是，《公司法》

第一百四十二条规定，有下列情形之一的除外：(一)减少公司注册资本;(二)与持有本公司股份的其他公司合并;(三)将股份用于员工持股计划或者股权激励;(四)股东因对股东大会作出的公司合并、分立决议持异议，要求公司收购其股份;(五)将股份用于转换上市公司发行的可转换为股票的公司债券;(六)上市公司为维护公司价值及股东权益所必需。

其中，为了减资而收购本公司股份的，应经股东大会做出决议，且必须经出席会议的股东所持表决权的三分之二以上通过。公司依股东大会决议收购本公司股份后，应当自收购之日起十日内将所收购的股份注销。由于涉及减资，程序上还应符合《公司法》关于减资的相关规定。

为了与持有本公司股份的其他公司合并而收购本公司股份的，也应经股东大会做出决议，并经出席会议的股东所持表决权的三分之二以上通过。收购完成后，应当自收购之日起六个月内将所收购的股份转让或者注销。同时，在程序上要符合《公司法》关于合并的相关规定。

股份有限公司还可以收购自己公司的一部分股份，用于员工持股计划或者股权激励。从收购目的可以看出，公司收购的这部分股份，是要再转让给作为持股或激励对象的员工的。但是，收购后用于员工持股计划或者股权激励的股份，不得超过本公司已发行股份总额的10%，并应当在三年内完成转让。如果未能按计划转让的，则应在三年内将该部分股份注销。

“将股份用于转换上市公司发行的可转换为股票的公司债券”和“上市公司为维护公司价值及股东权益所必须”两种情形，在决定程序、收购股份的比例限制及收购后股份的处置方面，与对上述情形下的收购的规定完全相同。并且，这两种情形的适用对象，都是上市公司，前一种是指为了将本公司的股份转换成本公司发行的可转换债而进行的收购，后一种是指在特定情形下为了维护公司价值及股东权益所进行的收购。

根据《关于支持上市公司回购股份的意见》第三条的规定，当上市公司股价低于其每股净资产，或者二十个交易日内股价跌幅累计达到30%时，上市公司可以为维护公司价值及股东权益进行股份回购。

以上情形下的股份收购，都是公司主动实施的，只有一种情形是公司被动收购，即股东对股东大会所做的公司合并、分立决议有异议并要求公司收购其股份时，公司基于股东的要求而进行收购。《公司法》及相关司法解释均未对异议股东的持股数及此类收购所涉及的股份数做出限制性规定。因此，只要是对股东大会做出的合并或分立决议持异议的股东，均享有该项请求权，且公司均应予以回购。

综上所述，一般情况下，股份有限公司不能收购本公司股份。但是存在《公司法》第一百四十二条规定的六种情形下时，股份有限公司可以回购本公司股份，但也应当履行相应的法定程序。

第三节 公司盈余分配纠纷

61 股东请求公司盈余分配的条件是什么？

股东作为公司的投资者，获得公司经营利润是其投资的主要目的。理论上，投资者将其财产投入到公司后，即可以股东身份享有对公司的利润分配的权利。但在实践中，股东获得公司的利润分配还需要一定的前提条件。

首先要满足“公司有利润可分”这一基本前提。《公司法》第一百六十六条第四款规定：“公司弥补亏损和提取公积金后所余税后利润，有限责任公司依照本法第三十四条的规定分配；股份有限公司按照股东持有的股份比例分配，但股份有限公司章程规定不按持股比例分配的除外。”第五款规定：“股东会、股东大会或者董事会违反前款规定，在公司弥补亏损和提取法定公积金之前向股东分配利润的，股东必须将违反规定分配的利润退还公司。”由上述规定可知，公司在财务上具有真实的可供分配利润，且依法提取公积金，是公司分配利润的基本前提。如果公司财务上不具备分红条件却进行了分红，实际上是对公司财产的侵占，是对公司出资的抽逃，公司就可以要求已接受分红的股东返还分红，公司债权人可以要求分红股东在违法分红的范围内对公司债务承担连带责任。

其次，股东要出资到位。《公司法》第三十四条规定：“股东按照实缴的出资比例分取红利”，以及《公司法司法解释三》第十六条规定，股东未履行或者未全面履行出资义务或者抽逃出资，公司根据公司章程或者股东会决议对其利润分配请求权、新股优先认购权、剩余财产分配请求权等股东权利作出相应的合理限制，该股东请求认定该限制无效的，人民法院不予支持。作为股东，最基本的义务是对公司出资，若公司股东不实际履行出资义务，会导致公司资本虚空，影响公司经营发展，损害公司权益。为了保证权利与义务的统一，公司股东若想实现获取公司红利的权利也应当同时履行实缴出资的义务。公司股东若未履行或未全面履行出资义务的，公司有权对公司股东的利润分配请求权进行相应的合理限制，股东诉请超出其实缴出资比例的利润也不会得到法院的支持。

最后，需有载明具体分配方案的股东会分红决议。一般情况下，公司会根据法律相关规定以及公司章程的约定，由董事会制定公司的利润分配方案，方案具体包括利润分配的原则、范围、时间以及数额等内容。并上报至股东（大）会审议，利润分配方案经股东（大）会审议通过后方可生效。公司股东拟诉请法院要求公司分配利润的，需要提交相应的法律依据为前提，也即含有具体利润分配方案且有效的股东（大）会决议。若公司股东未提交包含具体分配方案的有效股东（大）会决议，除非有违反法律规定滥用股东权利导致公司不分配利润，给其他股东造成损失的情形外，法院原则上不予支持公司股东的诉求。

综上所述，我们就明确了，请求公司盈余分配的条件有三：一是公司有利润可分配；二是股东实缴出资到位；三是公司存在载明具体分配方案的股东会决议。

62 小股东分红权无法实现怎么办？

根据《公司法》的规定，公司是否分红由股东会决定。公司没有做出同意分红的股东会决议，除非能够证明大股东滥用权利损害中小股东利益，法院原则上不支持股东要求分红的诉求。现实中，大股东出于种种考虑，会在公司已经营利的情况下，拒绝分红。有的大股东，不仅不给其他股东分红，而且会通过各种非法手段变相给自己分红。在这种情况下，中小股东如何通过诉讼主张实现分红权呢?

首先，需要明确诉讼主体和管辖。公司盈余分配利润纠纷的诉讼当事人分别为股东、公司，也可能还会有其他股东。其中股东为原告；公司为被告；其他股东在一审法庭辩论结束前，基于同一分配方案请求分配利润并申请参加诉讼的，可以作为共同原告；不同意分红的其他股东可以作为第三人。该种案件无仲裁协议时，适用专属管辖，由公司住所地法院管辖；有仲裁协议时，由仲裁协议约定仲裁机关管辖。

其次，股东需要提供哪些证据？从诉讼举证的角度看，请求分配公司利润，原告（通常是小股东）不仅应当证明公司有可供分配的利润，还要证明股东会有分红决议。要想证明公司有可供分配利润，有以下途径：第一，原告直接提交经营过程中获取的公司财务资料。对于参与公司经营的中小股东来说，获得公司的财务报表，乃至其他财务资料，并不十分困难；但是对于不参与公司经营的小股东来说，这就比较困难。第二，通过公开渠道查询。如果公司的财务数据并入了上市公司的财报，公司的利润状况会反映在上市公司年报里，通过公开取得很容易获得。第三，在提起公司盈余分配诉讼之前，先行对公司提起股东知情权诉讼，通过法院取得公司财务资料。这种途径的优势在于较为稳妥，股东可以得到确切的财务数据作为支撑，但是不足又在于耗费时间较长，通常要达到数月。第四，在公司盈余分配纠纷中直接要求大股东提供公司的财务资料。这种路径，从既往的案例看，风险较大。有不少判决显示，法院会依据“谁主张，谁举证”的规则，不支持原告要求大股东提供财务资料的要求，进而以原告举证不能为由，驳回原告要求分配公司利润的诉讼请求。

除此之外，股东还需要提交证明具体分配方案的股东会分红决议，否则，法院依然会驳回股东的诉讼请求。如不能取得该决议，则应当证明大股东恶意阻碍公司分配利润，给其他股东造成了损失，这样就可以达成司法强制分配。

最后，对方会有存在哪些抗辩呢？公司作为被告，就拒绝分配利润且其无法执行决议进行抗辩，如果抗辩理由不成立的，人民法院应当判决公司按照决议载明的具体分配方案向股东分配利润。

63 失去股东身份的原股东能否提起利润分配之诉？

以案说法（4-4）

甲公司召开股东会并形成股东会决议：将杨某的股份转让给股东乙公司，确定了甲公司给予杨某投资回报款的具体方案，并明确以具体房产作为抵扣。后由于未收到约定的投资回报款，杨某提起诉讼。甲公司认为此时杨某已经失去了股东身份，不是公司盈余分配之诉的适格原告。

那么，杨某是否具有提起公司盈余分配之诉的主体资格？杨某的原股东权利又该如何救济呢？

法院认为，杨某所请求的权利属于在股权转让时保留在公司的股东权利，且该权利经公司全体股东表决同意并形成了股权会决议，故杨某在本案中主体适格。根据《公司法司法解释四》的规定，公司拒绝分配利润且无合理抗辩理由时，股东提交载明具体分配方案的股东会或者股东大会的有效决议，可获得法院支持按决议所载方案分配利润。此处股东并不要求诉讼时具有股东身份，只要其所主张的权利属于在股权转让时保留在公司的股东权利即可。故法院判决甲公司支付约定的投资回报款及相应利息。

实践中，这些失去股东身份的原股东如何向公司提起利润分配之诉以维护自己的合法权益呢?

首先，根据《公司法司法解释四》第十四条："股东提交载明具体分配方案的股东会或者股东大会的有效决议，请求公司分配利润，公司拒绝分配利润且其关于无法执行决议的抗辩理由不成立的，人民法院应当判决公司按照决议载明的具体分配方案向股东分配利润。"提起利润分配之诉的原告并不要求在诉讼时具有股东身份，只要其所主张的权利属于在股权转让时保留在公司的股东权利即可。

其次，股东要求公司分配利润的，必须提供载明具体分配方案的公司决议。此处要求是具体分配方案，而不能是分配利润的承诺或者意向。

再次，公司一般会对股东分配利润的请求进行抗辩，抗辩理由如向原告分配利润会损害其他股东合法利益、公司相关期间内未盈利等。但实务中公司在决议通过具体方案后又拒绝分配利润的，所提出的抗辩往往难以获得法院的支持。

最后，法院对由于利润分配迟延而给股东带来的货币时间成本一般会予以认可，但是利润分配纠纷并非民间借贷纠纷，不能参照民间借贷的规定计算利息，一般可以按中国人民银行同期存款利率计算相应利息。

综上所述，公司已经做出分配利润的决议且做出明确方案后又拒绝分配利润的，股东可以依《公司法司法解释四》第十四条提起利润分配之诉，要求法院按照载明的具体方案分配利润。但公司也可以对此提出抗辩，但该抗辩理由应充分且与公司拒绝向股东分配利润具有关联性，否则一般难以获得法院支持。同时股东应负责举证公司存在有效决议并做出了明确的利润分配方案，否则也会被法院驳回。此处并不要求股东诉讼时具有股东身份，只要其所主张的权利属于在股权转让时保留在公司的股东权利即可。

第四节 公司决议纠纷

64 被限制表决权的瑕疵出资的股东是否可以提公司决议纠纷之诉？

根据《公司法司法解释三》第十七条规定："有限责任公司的股东未履行出资义务或者抽逃全部出资，经公司催告缴纳或者返还，其在合理期间内仍未缴纳或者返还出资，公司以股东会决议解除该股东的股东资格，该股东请求确认该解除行为无效的，人民法院不予支持。"根据上述法律规定可知，股东抽逃全部出资，经公司催告返还，其在合理期间内仍未返还出资，此时股东请求确认该解除行为无效的，人民法院不予支持，这一点毋庸置疑。但是人民法院不予支持并不代表股东不能向法院提起确认决议无效的诉讼。

换句话说，被限制表决权的瑕疵出资股东能否提起公司决议纠纷之诉与最终法院能否支持诉请是两回事，我们认为因为此类公司决议与股东利益有非常直接的关联，股东仍有权提起相关公司决议纠纷之诉。股东的表决权系股东参加表决、形成公司团体意思的权利，但无表决权的股东并不意味着没有出席股东会、股东大会的权利，其知情权和质询权并不因此而被当然剥夺。此项诉权系赋予股东通过诉讼程序矫正公司内部治理瑕疵的共益权，无表决权的股东也具有决议应当符合法定程序和章程规定的合理期待，也要承受不当决议的后果，对公司的意思形成具有诉的利益。应当将决议撤销的诉权视为是社员权的内容之一而非表决权的内容之一。为实现股东要求公司遵守法定程序及章程规定的权利，应当认定无表决权的股东亦具有决议撤销之诉的诉权。

综上所述，被限制表决权的瑕疵出资的股东，即瑕疵出资者虽出资不足，或未按照章程实际出资，或抽逃出资但并不意味着其不具备股东资格。如其股东资格并未被剥夺，其出资义务及出资责任客观存在。如无法律或者章程的规定，也不能视为其法定的权利被当然剥夺，仍应当认定其享有撤销公司决议之诉的诉权。在专门针对瑕疵出资股东除名决议方面，该瑕疵出资股东的诉权上，因为股东资格的确认本身须涉及该股东会决议的效力问题，而决议内容又系剥夺瑕疵出资股东资格，故应当认为《公司法》瑕疵出资股东对该股东会决议具有诉的利益。

65 对公司决议投赞成票的股东能否提起公司决议纠纷之诉？

根据《公司法》第二十二条规定："公司股东会或者股东大会、董事会的决议内容违反法律、行政法规的无效。股东会或者股东大会、董事会的会议召集程序、表决方式违反法律、行政法规或者公司章程，或者决议内容违反公司章程的，股东可以自决议作出之日起六十日内，请求人民法院撤销。"

从上述法律规定来看，提起公司决议纠纷之诉的缘由有两种：第一种，公司决议的内容违反法律、行政法规；第二种公司决议召集程序、表决方式违反法律、行政法规或者公司章程，或者内容违反公司章程。对于第一种情形，因为此种情况下的公司决议是无效的，其不会因为股东投赞成票或者投反对票进而对决议的效力产生不同影响。不管投什么票，在决议的内容违反法律、行政法规时，股东均有权利提起公司决议纠纷之讼。对于第二种情形，因为对决议投赞成票的股东已经实际参与了决议并且没有在决议时对上述情形提出异议，应当视为认可该决议的召集程序，故从公司自治的角度来看，投赞成票的股东不得再提起公司决议撤销之诉。

但是对于第二种情形，司法实践中有不同意见，即对于决议程序存在的瑕疵问题，股东并非能够在表决之时即已全部明确知晓；对于决议内容是否违反章程约定，因为股东并非以公司经营为常业，亦未必能够在会议表决之时做出明确判断。现行的《公司法》并没有就此种情形做出特别限定，作为一种共益权，仍应从宽把握。

笔者倾向于第二种观点，即不论是决议的内容违反法律、行政法规或者是决议的程序存在瑕疵，《公司法》未就投票情况的差异而对股东的提诉权有无做出不同的区分，从法无禁止即自由的原则来看，不应该限制投赞成票的股东享有的提诉权。即使投赞成票的股东对决议的程序以及公司章程的内容了如指掌，赋予其享有提诉权对公司也并没有实质影响，一来投赞成票的股东提诉时需承担举证责任，二来也可以通过司法监督来确认决议的合法性，从而避免决议存在无效或者可撤销情形。

综上所述，对公司决议投赞成票的股东可以提起公司决议纠纷之诉。

66 未通知“隐名股东”参加股东会决议，该决议的效力如何？

根据《公司法》第四十一条规定：“召开股东会会议，应当于会议召开十五日前通知全体股东；但是，公司章程另有规定或者全体股东另有约定的除外。

“股东会应当对所议事项的决定作成会议记录，出席会议的股东应当在会议记录上签名。”

召开股东会议，除公司章程或者全体股东另有约定外，均应当于会议召开十五日前通知全体股东，否则会因为程序召集瑕疵，导致做出的决议被撤销或无效。就有限责任公司而言，股东会是股东行使权利的场所，公司通过股东会对相关事项做出决议，其实质是股东通过参加股东会行使股东权利、决定公司重要事项的过程。法律之所以规定召开股东会必须通知全体股东，主要就是为了切实保障所有股东平等参与公司决策、充分行使表决权等各项股东权利。据此，公司股东实际参与股东会并做出真实意思表示，应当是股东会决议有效的必要条件。未通知股东参加股东会，表面上看似乎属于股东会召集程序问题，但在此情况下做出的股东会决议，无论内容如何，都不能体现未到会股东意志，实质的结果就是剥夺其就公司重大事项表达意见、参与决策等重大的股东权利。

但是通知全体股东，并不包括需要通知“隐名股东”。我国《公司法》规定，有限责任公司必须在章程中记载股东的名称或姓名，这是章程的绝对必要记载事项，股东应当在章程上签名盖章，在公司设立时应将章程提交公司登记机关核准。并且，在发生股权转让而改变股东名称时，也需修改公司章程。公司章程对内具有确定股东及其权利义务、对抗股东间其他约定的效力。其对外具有公示的效力，是相对人据以判断公司股东的依据。因此公司章程对于股东身份的认定具有决定意义。特别是在股东之间就股东身份及其权利义务发生争议时，公司章程在诸形式要件中具有优先的效力。而“隐名股东”并不是公司章程中记载的股东，不参与公司的经营管理，不能因为其和“名义股东”之间具有投资关系，就认定其是公司的股东。

综上所述，“隐名股东”不是公司的股东，不具备股东身份。召开股东大会时，未提前十五日通知其参加，并没有侵犯其权益，不影响决议的效力。

67 公司决议被撤销或者确认无效后，因该决议设立的法律关系效力如何认定？

根据《民法典》第八十五条规定："营利法人的权力机构、执行机构作出决议的会议召集程序、表决方式违反法律、行政法规、法人章程，或者决议内容违反法人章程的，营利法人的出资人可以请求人民法院撤销该决议。但是，营利法人依据该决议与善意相对人形成的民事法律关系不受影响。"

《公司法司法解释四》第六条也规定："股东会或者股东大会、董事会决议被人民法院判决确认无效或者撤销的，公司依据该决议与善意相对人形成的民事法律关系不受影响。"

从上述法律规定可知，公司权力机构、执行机构做出决议被撤销后，营利法人与第三人交易所形成的民事法律关系是否受到影响，主要取决于第三人是否为"善意相对人"。

司法实践中，法院通常将第三人履行相应形式审查义务，并将该审查义务作为评判其善意的重要因素。有限责任公司的公司决议作为公司内部决议的书面载体，不具有对世效力。第三人有证据证明在与营利法人交易时进行了合理审查，人民法院应当认定其构成善意，但是公司有证据证明相对人知道或者应当知道引起交易的决议系无效，被撤销的除外。

综上所述，营利法人的决议被无效或撤销后，营利法人依据该决议与第三人之间形成的法律关系是否归属于营利法人，该第三人是否善意是决定性的因素。如果相对人在与营利法人成立该法律关系时知道或者应当知道决议被撤销或无效，则不能成为善意第三人，无权进行相应抗辩。对于相对人善意的衡量标准，除了相对人事实上不知道该事实存在的情况外，在尽了形式审查义务之后仍然不可能知道存在的事实，也应当认定相对人属于善意。

第五节 损害公司债权人利益责任纠纷

68 公司资不抵债，出资瑕疵的股东需要承担什么责任？

《公司法司法解释三》第十三条第二款规定："公司债权人请求未履行或者未全面履行出资义务的股东在未出资本息范围内对公司债务不能清偿的部分承担补充赔偿责任的，人民法院应予支持；未履行或者未全面履行出资义务的股东已经承担上述责任，其他债权人提出相同请求的，人民法院不予支持。"从上述法律规定来看，如果股东未履行或者未全面履行出资义务，则很可能使公司陷入履行能力不足的局面，并进而对公司债权人的合法利益产生不利影响，在此情况下，未履行或者未全面履行出资义务的股东在未出资本息范围内对公司债务不能清偿的部分承担补充赔偿责任。

《公司法》第二十八条第一款规定："股东应当按期足额缴纳公司章程中规定的各自所认缴的出资额。股东以货币出资的，应当将货币出资足额存入有限责任公司在银行开设的账户；以非货币财产出资的，应当依法办理其财产权的转移手续。"根据上述法律规定，值得债权人注意的是股东出资采取认缴注册制，即股东出资在未达到约定出资期限时，股东不需要实际出资到位，也就是说股东依法享有期限利益。债权人不能以公司不能清偿到期债务为由请求未届出资期限的股东在未出资范围内对公司不能清偿的债务承担补充赔偿责任。

但是，如果公司进入破产程序，股东即不再享有期限利益，根据《中华人民共和国企业破产法》第三十五条规定，人民法院受理破产申请后，债务人的出资人尚未完全履行出资义务的，管理人应当要求该出资人缴纳所认缴的出资，而不受出资期限的限制。

综上所述，当公司资不抵债，债权人申请公司破产时，此时股东不再享有期限利益，未届出资期限的股东如果不缴纳所认缴的出资，则需在未出资范围内对公司不能清偿的债务承担补充赔偿责任。

69 股东滥用股东权利造成公司财产混同的，需要承担什么责任？

实务中，公司与股东之间的财务混同比较常见，那么如果股东滥用股东权利造成公司财产混同的，需要承担什么责任呢?

我们结合以下案例来进行分析。

以案说法（4-5）

王某是甲、乙两个公司的唯一股东，为扩大经营规模，王某决定将甲公司并入乙公司，甲公司解散；原甲公司的债权债务由乙公司承继。随后，王某将甲公司注销，注销登记申请书注明债权债务已清理完毕。甲乙公司合并后不久，乙公司便向法院申请破产，法院查明乙公司合并之前已经经营困难，合并后，乙公司依然不能正常经营，因此法院裁定宣告乙公司破产。

前述合并过程中，甲公司未通知住所地在外省的已知债权人李某，仅在本省报纸上进行合并公告，未通过全国性媒体进行合并公告；合并过程中亦未编制资产负债表和财产清单。破产程序中，李某作为普通债权人申报了债权，破产管理人表示破产清偿率为零。

李某认为王某作为甲、乙两个公司的股东，在合并过程中违反法定程序，未依法编制资产负债表和财产清单，未书面通知已知债权人，导致李某无法要求甲公司清偿债务或者提供担保，造成债权无法获得清偿，构成侵权，应当承担赔偿责任。

根据《公司法》第一百七十三条规定，债权人自接到通知书之日起三十日内，未接到通知书的自公告之日起四十五日内，可以要求公司清偿债务或者提供相应的担保。虽然《公司法》并未规定公司不按照债权人的要求清偿债务或者提供相应担保的，债权人可以阻止或者否定合并，但是债权人提出要求后，若公司既不清偿债务，又不提供相应担保，坚持进行合并的公司股东可能承担相应风险，即一旦合并行为被证明损害债权人利益，则应承担损害赔偿责任。因此，不履行法定通知义务会直接造成债权人丧失要求清偿债务或者提供相应担保的机会，进而影响到之后的损害赔偿请求权，当然构成侵权。

上述案例中，王某作为甲、乙两个公司的股东，在明确要终止两公司的情况下，不按《公司法》的规定对各公司分别解散、清算或者申请破产，在无证据证明相关公司均符合破产条件且破产清偿率相同的情况下，特意安排先合并、后破产的终止途径，在不编制资产负债表和财产清单的情况下，将甲公司无偿并入乙公司，然后直接申请合并后的乙公司破产，实质打破了两公司之间的独立财产界限，构成对甲公司债权人李某的侵权，属于《公司法》第二十条规制的公司股东滥用公司法人独立地位和股东有限责任，逃避债务，严重损害公司债权人利益的行为，应当对公司债务承担连带责任。

结合案例可知，股东滥用股东权利造成公司财产混同的，根据《公司法》第二十条第三款规定："公司股东滥用公司法人独立地位和股东有限责任，逃避债务，严重损害公司债权人利益的，应当对公司债务承担连带责任”。公司作为独立的法人，具有独立的财产，如果股东滥用股东权利造成公司与股东之间的财产混杂在一起，公司就失去了独立承担债务的基础，会严重影响公司债权人的合法权益，故如果股东滥用股东权利造成公司财产混同，应当对公司的债务承担连带责任。

《全国法院民商事审判工作会议纪要》在解读公司人格与股东人格是否存在混同时，根据公司是否具有独立意思和独立财产来判断，具体通过以下因素考量，第一，股东无偿使用公司资金或者财产，不作财务记载的；第二，股东用公司的资金偿还股东的债务，或者将公司的资金供关联公司无偿使用，不作财务记载的；第三，公司账簿与股东账簿不分，致使公司财产与股东财产无法区分的；第四，股东自身收益与公司盈利不加区分，致使双方利益不清的；第五，公司的财产记载于股东名下，由股东占有、使用的；第六，人格混同的其他情形。

综上所述，一般情况下，公司与股东之间责任独立，两者互不牵连，但是如果股东滥用股东权利造成公司财产混同，由于公司失去了独立承担责任的基础，此时由滥用公司法人独立地位和股东有限责任的股东对公司债务承担连带责任，这是股东有限责任的例外情形，旨在矫正有限责任制度在特定法律事实发生时对债权人保护的失衡现象。

第六节 损害股东利益责任纠纷

70 控股股东擅自与其他公司合作，导致公司和股东巨大损失，是否需赔偿损失？

如果控股股东事实损害公司利益的行为，比如擅自与其他公司合作，导致公司和股东巨大损失，依法是否需要赔偿公司或股东损失呢？我们结合以下案例来进行分析。

以案说法（4-6）

A、B分别出资40%、60%，注册成立了C公司。C公司设立时制定的公司章程规定："股东会决议、修改章程必须经三分之二以上的股东表决通过"。一年后C公司增资扩股，股权结构变更为：A为30%、B为49%、D为9%，E为6%、F为6%，但公司章程未修改。

在此后的经营中，董事会就C公司与H公司的合作开发事项，致函各股东，要求进行投票表决。其中：B、D、E股东投了赞成票，三股东共持股64%；A、F股东投了反对票，两股东共持股36%，并形成了《C公司股东会决议》，通过了与H公司的合作方案。但在履行合作协议过程中产生了纠纷，H公司将C公司诉至法院，要求过户土地并支付违约金，法院支持了H公司的诉讼请求。

A认为，由于大股东B不顾其他股东的反对意见，决定C公司与H

公司合作，导致C公司数亿元的损失，造成A的相应损失，遂以“损害股东利益责任纠纷”为由，将B股东诉至某高级法院。

法院认为：关于C公司和H公司土地开发合作事宜的表决，持有64%股份的股东投赞成票，另持有36%股份的股东投了反对票，赞成票未达到公司章程的规定。股东B利用其同时为C公司董事长的条件，掌管C公司公章，自行制作《C公司股东会决议》，是滥用股东权利的行为，并由此侵犯了A股东的合法权益。遂判决：B股东在通过《C公司股东会决议》过程中滥用股东权利，且B股东向A股东赔偿经济损失。

关于股东损害公司利益，《公司法》第二十条规定：“公司股东应当遵守法律、行政法规和公司章程，依法行使股东权利，不得滥用股东权利损害公司或者其他股东的利益；不得滥用公司法人独立地位和股东有限责任损害公司债权人的利益。公司股东滥用股东权利给公司或者其他股东造成损失的，应当依法承担赔偿责任。公司股东滥用公司法人独立地位和股东有限责任，逃避债务，严重损害公司债权人利益的，应当对公司债务承担连带责任。”

综上所述，控股股东与其他公司合作，如果该合作属于公司章程规定的、需要经过股东会决议的事项，那么控股股东违反公司章程，未通过股东会决议，擅自做出与其他公司合作的决定，是滥用股东权利的行为，该行为给公司或者其他股东造成损失的，控股股东应该承担赔偿责任。一般情况下，其他股东可以以“损害股东利益责任纠纷”为由，向人民法院提起诉讼。

另外，损害股东利益责任纠纷之诉的原告必须是公司股东。实务中有争议的是，如何判断该股东的身份，如果原告不具有股东身份，法院会据此认为主体不适格而裁定驳回。因此，如果股东身份有争议，提起损害股东利益责任纠纷之诉时，需先行通过其他方式确认股东资格。

71 大股东滥用表决权延长出资认缴期限，侵害小股东利益，小股东如何救济？

大股东滥用表决权延长出资认缴期限，损害其他股东期限权益的，其他股东的救济方式是可以向法院提起诉讼，请求撤销或确认该项决议无效。

《公司法》及相关司法解释对于股东以股东会决议的形式修改公司章程、变更股东缴纳出资期限，并无限制性规定。但司法实践多数观点认为，有限责任公司章程或股东出资协议确定的公司注册资本出资期限系股东之间达成的合意，涉及公司股东的出资期限利益，除法律规定或存在其他合理性、紧迫性事由需要修改出资期限的情形外，股东会会议做出修改出资期限的决议并非一般的修改公司章程事项，不能适用资本多数决规则，而是应该经过全体股东一致同意通过。

首先，我国实行公司资本认缴制，除法律另有规定外，《公司法》第二十八条规定，“股东应当按期足额缴纳公司章程中规定的各自所认缴的出资额”，即法律赋予公司股东出资期限利益，允许公司各股东按照章程规定的出资期限缴纳出资。股东的出资期限利益，是公司资本认缴制的核心要义，系公司各股东的法定权利，如允许公司股东会以多数决的方式决议修改出资期限，则占资本多数的股东可随时随意修改出资期限，从而剥夺其他中小股东的合法权益。

其次，修改股东出资期限直接影响各股东的根本权利，其性质不同于公司增资、减资、解散等事项。后者决议事项一般与公司直接相关，但并不直接影响公司股东之固有权利。如增资过程中，不同意增资的股东，其已认缴或已实缴部分的权益并未改变，仅可能因增资而被稀释股份比例。如允许适用资本多数决，不同意提前出资的股东将可能因未提前出资而被剥夺或限制股东权益，直接影响股东根本利益。因此，修改股东出资期限不能简单等同于公司增资、减资、解散等事项，亦不能简单地适用资本多数决规则。

再次，股东出资期限系公司设立或股东加入公司成为股东时，公司各股东之间形成的一致合意，股东按期出资虽系各股东对公司的义务，但本质上属于各股东之间的一致约定，而非公司经营管理事项。法律允许公司自治，但需以不侵犯他人合法权益为前提。公司经营过程中，如有法律规定的情形需要各股东提前出资或加速到期，系源于法律规定，而不能以资本多数决的方式，以多数股东意志变更各股东之间形成的一致意思表示。

因此，修改股东出资期限不应适用资本多数决规则，除法律规定或存在其他合理性、紧迫性事由需要修改出资期限的情形外，股东会会议做出修改出资期限的决议应当经全体股东一致通过。如大股东滥用表决权延长出资认缴期限，损害小股东利益，小股东可以向法院提起诉讼，请求撤销或确认该项决议无效，人民法院宣告该决议无效或者撤销该决议后，应当向公司登记机关申请撤销变更登记。

72 股东能否以对公司享有的债权抵销其对公司的出资义务？

股东能否以对公司享有的债权抵消其对公司的出资义务?

首先需明确出资义务是否属于债的范畴。股东出资是指，股东（包括发起人和认股人）在公司设立或者增加资本时，为取得股份或股权，根据协议的约定以及法律和章程的规定向公司交付财产或履行其他给付义务。而债是特定当事人之间请求为一定给付的民事法律关系。因此，有部分观点认为，股东的出资义务也是债的一种。

股东对公司所负的出资义务，能否与公司对其所负的债务相抵销呢？那就要看是否符合法律所规定的债务抵销条件。《民法典》第五百六十八条规定："当事人互负债务，该债务的标的物种类、品质相同的，任何一方可以将自己的债务与对方的到期债务抵销；但是，根据债务性质、按照当事人约定或者依照法律规定不得抵销的除外。当事人主张抵销的，应当通知对方。通知自到达对方时生效。抵销不得附条件或者附期限。"第五百六十九条规定："当事人互负债务，标的物种类、品质不相同的，经协商一致，也可以抵销。"

因此，债务的法定抵销应当具备以下条件：双方互负债务互享债权；双方债务均已到期；债务的标的物种类、品质相同；不属于依照法律规定或者按照合同性质不得抵销的情形。债权抵销出资关键在于债务的标的物种类、品质是否相同，如果甲公司是以货币出资的，则符合债务抵销的条件；如果甲公司是以非货币财产出资，则不具备债务抵销的条件。另外，抵销是要式法律行为，必须通知对方，并且通知到达了对方，才能实现抵销的法律效果。债权抵销出资可以看作债转股的一种特殊履行方式，现行法律并不禁止一定条件下债转股。在这种情况下，用于抵销出资的债权应当满足《民法典》《公司法》及公司章程有关出资方式的规定，涉及变更出资方式的，因涉及公司章程变更应当经公司股东（大）会特别决议。

实践中，在没有形成公司股东会的利润分配决议情况下，股东以公司已经实际盈利，自己可分配利润完全可以弥补所欠出资数额为由主张出资已经实际到位。股东该主张能否成立不能一概而论。首先，股东并不具有确定性的股利分配请求权，分配决议只有经股东大会批准，方能使股东的分配请求权得以现实化。利润分配前，不论公司盈利多少都是公司独立的财产，并非股东的财产，二者之间有明确的界限。其次，若股东会做出分配利润的决议，股东根据决议内容，享有股利分配请求权，股东与公司之间产生了现实的债权债务关系，出资不实的股东可以以此抵销所欠的出资份额；作为公司，也可行使抵销权，直接扣留股东应分得的股利以填补股东所欠出资。

综上所述，债权抵销出资首先需要满足债务抵销的法定条件，即双方互负债务互享债权；双方债务均已到期；债务的标的物种类、品质相同；不属于依照法律规定或者按照合同性质不得抵销的情形；其次用于抵销出资的债权应当满足《民法典》《公司法》及公司章程有关出资方式的规定，涉及变更出资方式的，因涉及公司章程变更应当经公司股东（大）会特别决议。在没有形成公司股东会的利润分配决议情况下，股东以公司已经实际盈利，自己可分配利润完全可以弥补所欠出资数额为由主张出资已经实际到位。股东该主张能否成立还需要具体情况具体分析。

73 公司股东能否以其他方股东出资不足为由而免除其对公司的足额出资义务？

实务中公司股东出资不足的情形较为常见，那么，如果别的股东出资不足，其他股东能否以有股东出资不足为由而免除自己对公司的足额出资义务呢？

我们结合以下案例来进行分析。

以案说法（4-7）

2011年10月23日，AH公司、JH公司签订《XZFA能源发展有限公司股东出资协议》（以下简称《出资协议》），共同出资设立XZFA能源发展有限公司（以下简称：FA公司）。双方于2011年10月25日签署

《XZFA能源发展有限公司章程》(以下简称:《公司章程》),《公司章程》约定AH公司投资金额为2550万元、投资比例51%、投资时间为2011年10月18日。JH公司第一期投资金额为490万元,投资比例9.8%,投资时间为2011年10月18日;第二期投资金额为1960万元、投资比例39.2%,投资时间为2013年10月18日。

AH公司于2011年9月20日履行了全部出资义务。JH公司于2011年10月13日、2011年10月17日分两次共计向FA公司缴纳490万元,未全部出资。

经法院查明,AH公司于2012年9月14日前通过向FA公司借款的方式将其在FA公司的出资全部转出,抽逃出资共计2600万元,且未在双方约定的JH公司第二期出资日之前返还抽逃的出资。

本案例中,法院认为:《出资协议》的权利主体是公司,任何一方股东不得以对方未完全履行出资义务为由拒绝履行其自身的出资义务,不享有《合同法》所规定的双务合同抗辩权。股东违约责任的承担,属于股东内部法律关系的范畴,不同于股东对公司履行出资义务的问题。因此判决认为,JH公司不能以AH公司抽逃出资为由,免除自己足额出资的义务。

我们再来看看法律具体是如何规定这一点的。

《公司法》第二十八条规定:"股东应当按期足额缴纳公司章程中规定的各自所认缴的出资额。股东以货币出资的,应当将货币出资足额存入有限责任公司在银行开设的账户;以非货币财产出资的,应当依法办理其财产权的转移手续。股东不按照前款规定缴纳出资的,除应当向公司足额缴纳外,还应当向已按期足额缴纳出资的股东承担违约责任。"

《公司法司法解释三》第十三条第一款规定:"股东未履行或者未全面履行出资义务,公司或者其他股东请求其向公司依法全面履行出资义务的,人民法院应予支持。"

由上述规定可见，按期足额缴纳认缴的出资是股东对公司所负有的法定义务，这是公司资本维持原则的基本要求，也是对其他足额出资股东和公司债权人合法权益保护的需要。公司股东不能以其他方股东出资不足为由而免除其对公司的足额出资义务。

《公司法》中，股东共同出资的目的不在于交换财产，一方股东履行出资义务不是为了换取另一方的对价，股东之间并非互负债务的法律关系，股东的出资义务应当向公司履行，而非是向公司其他股东履行。因此，股东的出资义务不适用于“先履行抗辩”或“不安抗辩”，未出资股东也不得据此拒绝履行出资义务。

74 隐名股东能否直接提起损害股东利益之诉？

在合法的股权代持关系中，隐名股东与公司盈余分配具有一定程度上的利害关系，但因与公司有关的纠纷牵涉到其他股东及公司法人利益，隐名股东是否享有直接诉权？是否能对公司股东提起损害股东利益之诉？

《中华人民共和国民事诉讼法》第一百二十二条规定：“起诉必须符合下列条件：（一）原告是与本案有直接利害关系的公民、法人和其他组织”，隐名股东虽然和公司盈余分配有利害关系，具有原告外观，但是公司其他股东和善意第三人往往事前并不知道隐名股东的存在，考虑到商事信用原则和外观主义原则，要侧重保护外部第三人对登记内容乃至登记制度的信赖，故工商登记在册的显名股东才是适格主体，而隐名股东不适格。

也就是说，隐名股东是不能够直接以自己的名义对公司其他股东和公司以外的第三人提起损害股东权益之诉的，其主张权利应当通过显名股东或者应通过诉讼先行确认其股东身份后再提起损害股东利益诉讼。

《公司法司法解释三》第二十四条第三款规定："实际出资人未经公司其他股东半数以上同意，请求公司变更股东、签发出资证明书、记载于股东名册、记载于公司章程并办理公司登记机关登记的，人民法院不予支持"，该法条的立法精神是"双重标准，内外有别"，也就是说，如果是代持中隐名股东与显名股东之间有相关纠纷，那么这属于双方之间的"内部"纠纷，显名股东可以直接提起诉讼；如果代持后涉及第三人，因为第三人不具备了解内部具体情况的条件，所以不应对第三人附加过于严苛的甄别责任，那么就应遵循商事外观主义原则，尊重公司登记制度的公示效力，保护第三人对登记内容、登记制度的信赖。

综上所述，隐名股东不会出现在公司章程、股东名册、记名股票、出资证明书和工商登记中，甚至该公司的其他股东也未必知晓此人的存在。在发生涉及第三人的纠纷时，除非隐名股东能举证证明公司其他股东半数以上同意其显名，否则无权以自己的名义直接提起损害股东利益之诉。如果其他股东损害了隐名股东的利益，隐名股东应该先显名化，通过诉讼先行确认其股东身份，将自己记载于股东名册并在公司登记机关办理登记后，再提起损害股东利益责任诉讼。

第七节 损害公司利益责任纠纷

75 公司财产与股东个人财产混同可能带来什么法律风险？

企业家在创业中会将自身的心血与感情投入进企业，在商业活动中，公司的股东以其个人账户收取公司往来款的情况十分普遍。那么公司财产与股东财产混同，可能带来什么法律风险呢？

以案说法（4-8）

2011年7月，甲公司与乙公司订立《产品购销合同》，合同明确约定："交(提)货地点、方式由乙公司指定"。之后，甲公司陆续向乙公司提供纺织品原材料。其中，乙公司由张三、李四夫妻二人开办，经营中大部分货款均由李四的个人账户汇出，且公司会计账目非常不规范，存在虚列"差旅费"、"管理费"等科目的现象。

截至2012年5月，乙公司欠甲公司470万元货款，并向甲公司确认了对账单和还款计划，因经营问题货款无力偿还。甲公司遂诉至法院，请求乙公司支付货款及利息，张三、李四对乙公司的债务承担连带清偿责任。

《公司法》第三条规定："公司是企业法人，有独立的法人财产，享有法人财产权。公司以其全部财产对公司的债务承担责任。有限责任公司的股东以其认缴的出资额为限对公司承担责任；股份有限公司的股东以其认购的股份为限对公司承担责任。”

根据《公司法》第二十条规定，公司股东应当遵守法律、行政法规和公司章程，依法行使股东权利，不得滥用股东权利损害公司或者其他股东的利益；不得滥用公司法人独立地位和股东有限责任损害公司债权人的利益。公司股东滥用股东权利给公司或者其他股东造成损失的，应当依法承担赔偿责任。公司股东滥用公司法人独立地位和股东有限责任，逃避债务，严重损害公司债权人利益的，应当对公司债务承担连带责任。

也就是说，股东以其出资为限对企业的债务承担责任，但如果公司股东滥用公司法人独立地位，严重损害债权人利益的，应当承担连带责任。上述案例中，张三、李四夫妻的股东个人财产与乙公司资产存在混同，故股东张三、李四应对乙公司的债务承担连带责任。

综上所述，公司法人最明显的特征是财产独立和责任独立，这就要求公司与股东之间的财产界线必须清晰、明确、独立。股东个人财产与公司财产发生混同的，公司法人人格否认，公司失去独立偿债能力，股东需对公司债务承担连带清偿责任。这就要求公司和股东在公司运营过程中，应当将公司财产与股东个人财产严格区分与隔离，这对于公司生存以及股东权益保护、风险隔离起到防火墙之作用。如果无法正确认识公司与股东个人、公司财产与股东个人财产的关系，出现公司财产与股东个人财产混同的情况，尤其再加之公司资本运营不规范、公司财务管理混乱、交易证据与实际交易活动不符等情形，不仅公司面临法律风险，股东还将对公司债务承担连带责任。

76 董事、高管为存在同业竞争的公司谋取商业机会，因此所得收入应当归谁？

《公司法》明确禁止董事、高管从事同业竞争的相关行为，但如果董事、高管为确实存在同业竞争的公司谋取商业机会，因此所得收入应当归谁呢？我们结合以下案例来进行分析。

以案说法（4-9）

2002年12月18日，甲公司由赵某等人出资设立，主要经营无缝钢管、压力容器等。其中，赵某系甲公司的董事并担任甲公司的副总经理，负责销售工作。2012年6月20日，赵某出资设立乙公司，主营业务也为无缝钢管、压力容器等。同时，赵某也担任乙公司的执行董事、经理，系公司的法定代表人。

2012年7月，甲公司与赵某解除了劳动关系，赵某不再担任甲公司副总经理职务。但是，甲公司工商登记显示赵某目前仍为甲公司董事。其中根据个税缴纳记录显示，自2013年8月31日至2015年5月31日，赵某在乙公司的工资薪金所得为71300元。

此后，甲公司以赵某未经甲公司同意，擅自设立乙公司经营具有竞争关系的同类业务，并利用公司客户谋取商业利益为由，要求停止担任董事，并赔偿经济损失1000万元，但没有提供相应证据。那么甲公司的请求能否得到支持？

《公司法》第一百四十七条规定："董事、监事、高级管理人员应当遵守法律、行政法规和公司章程，对公司负有忠实义务和勤勉义务。"第一百四十八条第一款第（五）项规定："董事、高级管理人员不得未经股东会或者股东大会同意，利用职务便利为自己或者他人谋取属于公司的商业机会，自营或者为他人经营与所任职公司同类的业务。”

本案赵某在担任甲公司的董事、副总经理期间，属于甲公司的高级管理人员，其发起成立了乙公司并担任乙公司的执行董事、法定代表人和经理职务，此后其虽然不担任乙公司法定代表人，但仍担任乙公司执行董事。而乙公司与甲公司的经营范围部分相同，属同类经营。赵某的以上行为违反了《公司法》第一百四十七条和第一百四十八条第（五）项规定的相应的忠实义务。

那么，董事、高管违反竞业禁止义务、忠实义务，因此所得收入应当归谁？《公司法》第一百四十八条第二款规定："董事、高级管理人员违反前款规定所得的收入应当归公司所有"。本案中，已经认定赵某违反《公司法》相关规定担任同业企业的法定代表人或执行董事，赵某在担任乙公司执行董事期间，自2013年8月31日至2015年5月31日的工资薪金所得为71300元，认定其工资所得为其所得收入，归甲公司所有。但是甲公司未提交相应的证据，证明乙公司的主营业收入系乙公司开展同业竞争业务所得，故甲公司主张乙公司的主营业务收入应为甲公司的损失，甲公司主营业务的减少也应为其公司的损失，法院不予支持。

综上所述，董事、高级管理人员不得未经股东会或者股东大会同意，利用职务便利为自己或者他人谋取属于公司的商业机会，自营或者为他人经营与所任职公司同类的业务。如果董事、高级管理人员违反前款规定，其所得的收入依法应当归公司所有。

77 监事在同类公司担任高管或开办同类业务的公司，是否违反竞业禁止义务？

竞业禁止，又称为竞业回避、竞业避让，是用人单位对员工采取的以保护其商业秘密为目的的一种法律措施。竞业禁止的限制对象负有不从事特定竞业行为的义务，即禁止劳动者在本单位任职期间同时兼职于与其所在单位有业务竞争的单位，或禁止他们在原单位离职后从业于与原单位有业务竞争的单位，包括创建与原单位业务范围相同的企业。那么，监事在同类公司担任高管或开办同类业务的公司，是否违反竞业禁止义务?

《公司法》第一百四十八条规定："董事、高级管理人员不得有下列行为：（五）未经股东会或者股东大会同意，利用职务便利为自己或者他人谋取属于公司的商业机会，自营或者为他人经营与所任职公司同类的业务；董事、高级管理人员违反前款规定所得的收入应当归公司所有。" 此项规定已明确将股东、监事排除在竞业禁止的主体范围之外。因此，监事并不是法定的竞业限制义务主体，监事在同类公司担任高管或开办同类业务的公司，并不违反竞业禁止义务。

对于监事来说，即使监事没有法定竞业禁止义务，也不要轻易地擅自从事与公司有竞争关系的业务。《公司法》第一百四十七条规定："董事、监事、高级管理人员应当遵守法律、行政法规和公司章程，对公司负有忠实义务和勤勉义务。董事、监事、高级管理人员不得利用职权收受贿赂或者其他非法收入，不得侵占公司的财产。"本条对监事的忠实和勤勉义务进行了规定，忠实义务包含两个方面的内容，一是不得谋利的义务，二是避免冲突的义务。而勤勉义务是指监事应当恪尽职守、敬业精进、深思熟虑，考虑到同行业同等经营管理水平。

也存在部分法院认为，公司监事受股东委托对公司的经营管理行使监督职权，以维护公司和股东利益为己任，相对于董事和高级管理人员，应当对作为监督者的监事以更高的行为合规性和道德廉洁性，才符合立法和公司治理制度的本意。《公司法》虽然仅要求公司董事、高级管理人员不得从事损害公司利益的行为，但并不意味监事从事上述损害公司利益的行为而无须承担相应的法律责任，否则，即与监事的职责、立法和公司治理制度的本意相悖，而且，监事从事损害公司利益的行为，同样违反《公司法》第一百四十七条关于监事对公司负有的忠实和勤勉义务的规定，须承担相应的法律责任。因此，我们仍不建议监事擅自开展与公司有竞争关系的业务，若需要进行同业竞争，最好经过公司股东的决议通过。

综上所述，监事并不是法定的竞业限制义务主体，监事在同类公司担任高管或开办同类业务的公司，并不违反竞业禁止义务。但是监事依法对公司具有忠实和勤勉义务，不得行使损害公司利益的行为。

78 股东未书面请求监事会或监事提起诉讼，能否直接提起股东代表诉讼？

《公司法》规定股东可以书面请求监事会或监事提起诉讼，那么股东未书面请求监事会或监事提起诉讼，能否直接提起股东代表诉讼？我们结合以下案例来进行分析。

以案说法（4-10）

王某是某实业公司股东，占有公司10%股权，张某为实业公司董事长。后来，张某又与公司监事李某共同出资成立了另一家新公司，新公司经营范围与实业公司基本一致。王某认为张某和李某的行为违反忠实义务，使公司利益受损，于是向法院提起股东代表诉讼，要求张某和李某赔偿实业公司的损失。张某、李某则认为王某并没有履行法律规定的前置程序就提起诉讼，法院应当驳回王某的起诉。

本案中，法院认为：董事长张某和监事李某都是被告，与这次纠纷都有利害关系，无法既代表公司又代表被告。为了及时维护公司利益，在这种情况下，应当免除王某履行前置程序的义务。

通过以上案例可以看出，在特殊情形下，法院会允许免除股东向监事或监事会提起请求这一前置程序，我们具体来看看法律的规定。

根据《公司法》第一百五十一条规定，董事、高级管理人员有本法第一百四十九条规定的情形的，有限责任公司的股东、股份有限公司连续一百八十日以上单独或者合计持有公司百分之一以上股份的股东，可以书面请求监事会或者不设监事会的有限责任公司的监事向人民法院提起诉讼；监事有本法第一百四十九条规定的情形的，前述股东可以书面请求董事会或者不设董事会的有限责任公司的执行董事向人民法院提起诉讼。从法条可以看出，公司利益受到侵害，股东在提起诉讼前，必须先书面请求公司董事会、监事会、监事或者董事会、执行董事提起诉讼，这就是股东代表诉讼的前置程序。

那么，如果监事会、监事或董事会、执行董事在收到股东的书面请求后，一直不提起诉讼，股东该如何处理呢？根据《公司法》第一百五十一条第二款规定，监事会、不设监事会的有限责任公司的监事，或者董事会、执行董事收到前款规定的股东书面请求后拒绝提起诉讼，或者自收到请求之日起三十日内未提起诉讼，或者情况紧急、不立即提起诉讼将会使公司利益受到难以弥补的损害的，前款规定的股东有权为了公司的利益以自己的名义直接向人民法院提起诉讼。也就是说，只要股东向监事会、监事或者董事会、执行董事提出书面申请，如果是被拒绝，或者自请求之日起30日内未提起诉讼的，股东都有权直接向人民法院提起诉讼。在这种情况下，就可以视为股东已经履行了法律规定的前置程序，具备了提起股东代表诉讼的资格。

当然还有一种例外情况，如果情况紧急、不立即提起诉讼将会使公司利益受到难以弥补的损害的，就比如：相关人员转移公司财产、不立即提起诉讼将导致诉讼时效超出等情况，股东也有权直接向法院提起诉讼。

另外，根据《九民纪要》规定，在“根本不存在提起诉讼的可能性”的情况下，股东也可以在不履行前置程序的情况下向法院提起诉讼。最典型的情况是，公司董事、监事本身就是被告，这种情形下董事、监事当然不可能提起诉讼。

综上所述，一般情况下股东应该履行前置程序，通过书面请求监事会或监事提起诉讼；但如果监事会、监事或董事会、执行董事在收到股东的书面请求后30日内，一直不提起诉讼，可以视为已经履行该前置程序，股东就有权直接向人民法院提起诉讼；同时，在情况紧急、不立即提起诉讼将会使公司利益受到难以弥补的损害情形下和“根本不存在提起诉讼的可能性”，股东也可以不经过前述前置程序提起诉讼。

79 公司利益受损，隐名股东能否提起股东代表诉讼？

股东代表诉讼，是《公司法》赋予公司普通股东的一项权利，是指在公司的合法权益受到侵害而公司却不积极起诉时，公司的股东可以自己的名义起诉、所获赔偿归于公司的一种诉讼制度。那么，公司利益受损，隐名股东能否提起股东代表诉讼？

我们来看看法律规定。《公司法》第一百五十一条规定：“董事、高级管理人员有本法第一百四十九条规定的情形的，有限责任公司的股东、股份有限公司连续一百八十日以上单独或者合计持有公司百分之一以上股份的股东，可以书面请求监事会或者不设监事会的有限责任公司的监事向人民法院提起诉讼；监事有本法第一百四十九条规定的情形的，前述股东可以书面请求董事会或者不设董事会的有限责任公司的执行董事向人民法院提起诉讼。监事会、不设监事会的有限责任公司的监事，或者董事会、执行董事收到前款规定的股东书面请求后拒绝提起诉讼，或者自收到请求之日起三十日内未提起诉讼，或者情况紧急、不立即提起诉讼将会使公司利益受到难以弥补的损害的，前款规定的股东有权为了公司的利益以自己的名义直接向人民法院提起诉讼。他人侵犯公司合法权益，给公司造成损失的，本条第一款规定的股东可以依照前两款的规定向人民法院提起诉讼。”那么，该规定中的“有限责任公司的股东”是否可以扩大解释为隐名股东?

根据股权的内容和行使的目的，股东权益包括自益权、共益权，所谓自益权主要是财产权，是指股东专为自己利益的目的而行使的权利。主要包括：发给出资证明或者股票的请求权、股份转让过户请求权、股息和红利的分配请求权、公司剩余财产的分配请求权等。共益权，指的是对公司事务的参与管理权和对公司机关行为的监督权，主要包括出席股东会的表决权、任免董事等公司管理人员的请求权、查阅公司章程及簿册的请求权、要求法院宣告股东会决议无效的请求权，以及对公司董事、监事提起诉讼权等。简单说自己全是为了自己的利益，共益权是为了公司的利益。

根据《公司法司法解释三》第二十四条法律规定，隐名股东实际仅享有自益权部分，共益权仅是通过委托的形式交由名义出资人代为行使。但股东代表诉讼的目的在于股东为维护公司的利益不受损从而达到实现自我权益的保护，是基于股东共益权而产生的间接诉讼，是为了维护公司的利益，制止损害公司的行为。

综上所述，只有显名股东可以代表公司提起诉讼，隐名股东是不能直接提起股东代表诉讼的。但是，隐名股东可以通过股东会决议或者股东资格确认之诉进行显名，再提起股东代表诉讼。

第八节 公司解散纠纷

80 判决解散公司是否与公司的经营绩效挂钩？

我们都知道如果公司存在经营管理困难，难以继续存续，可以请求法院解散公司。那么，法院判决解散公司是否必然与公司的经营绩效挂钩呢？我们结合以下案例来进行分析。

以案说法（4-11）

A公司有两个股东，即林某和蔡某，其中林某享有30%股权，蔡某享有70%股权。由于经营困难，2018年9月6日，蔡某向林某发送电子邮件，载明：股东会于8月27日在公司住所地召开，因为双方无法对股权回购达成一致意见，现也无法通过修改章程等方式让公司继续存续，现本人依据公司章程第四十五条规定“公司因下列原因解散：（二）股东决定解散”，正式通知您解散公司等内容。2018年9月13日，蔡某以A公司名义在报纸上登载《公司解散公告》，载明该公司因出现公司章程中规定的解散事实已经解散，后续清算正在进行等内容。

那么蔡某自行决定解散公司的行为效力如何呢？有限公司的大股东能否自行决定解散公司？

蔡某根据A公司章程第四十五条规定“公司因下列原因解散：（一）股东决定解散”，依约定的表决权比例单方解散公司。但是A公司章程第四十五条规定依文义解释应解释为《公司法》第一百八十二条第（二）

项的“股东会决议解散”。否则极易导致大股东滥用权利，损害小股东的利益。

需要说明的是，有限责任公司的股东虽然可以在章程中约定解散事由，但解散公司毕竟属于公司的重大事项，必须遵循较为严格的程序，即通过股东会决议解散。若任由大股东随意解散公司，不利于公司经营的稳定性，且可能会损害其他中小股东的权利。因此，蔡某不能自行决定解散公司。

我们来看看具体相关法律规定，《公司法》第一百八十二条规定：“公司经营管理发生严重困难，继续存续会使股东利益受到重大损失，通过其他途径不能解决的，持有公司全部股东表决权百分之十以上的股东，可以请求人民法院解散公司。”

从上述法律规定可知，公司司法解散的三要素是：（1）公司经营管理发生严重困难；（2）继续存续会使股东利益受到重大损失；（3）通过其他途径不能解决。在三要素中“公司经营管理发生严重困难”如何理解是关键。

公司经营管理发生严重困难，可以分为公司外部的经营困难和公司内部的管理困难，也就是我们通常说的公司经营绩效严重亏损和公司的股东会、董事会等公司机关失灵，无法形成有效决议。现实生活中，人们常常把公司经营管理困难与“公司外部的经营困难”相联系，却有忽视 “公司内部的管理困难”之嫌。一个经营绩效好的公司，能够实现投资者追随利益的需求，这是公司资合性的体现和要求。然而，公司不仅有资合性，还有人合性，尤其是在有限责任公司中，人合性更为突出，更加强调人与人、人与公司之间的信赖。公司的外部经营困难，最终可以通过市场、通过“破产”退出舞台。

然而公司内部管理困难，公司的股东会、董事会等公司机关失灵，此时如果没有退出机制，则可能导致公司陷入两难境地，进退不得。有限责任公司的股东，由于人数的限制，因而往往更愿意选择相互信任的人，相较于“资合性”更强调“人合性”。也正因为此，在司法实践中判断公司的经营管理是否出现严重困难，主要是从公司的股东会、董事会或执行董事及监事会或监事的运行现状去综合分析，考察公司管理方面是否存有严重内部障碍，股东会机制是否失灵、无法就公司的经营管理进行决策等，而不是片面理解为公司资金缺乏、严重亏损等经营性困难。

综上所述，司法解散不与公司的经营绩效直接挂钩，而与公司的内部管理是否存在困难挂钩。

81 能否申请仲裁机构裁决解散公司？

根据《中华人民共和国仲裁法》第九条的规定：“仲裁实行一裁终局的制度。裁决作出后，当事人就同一纠纷再申请仲裁或者向人民法院起诉的，仲裁委员会或者人民法院不予受理。裁决被人民法院依法裁定撤销或者不予执行的，当事人就该纠纷可以根据双方重新达成的仲裁协议申请仲裁，也可以向人民法院起诉。”

从上述法律规定可以看出，仲裁具有一裁终局的特性。而在公司解散纠纷中，根据《公司法》第一百八十二条规定，公司经营管理发生严重困难，继续存续会使股东利益受到重大损失，通过其他途径不能解决，持有公司全部股东表决权百分之十以上的股东，可以请求人民法院解散公司。可见，在司法裁判过程中一般不倾向于直接判决解散，确无解散之必要情况下，均不解散；确有解散必要情况下，均先行协调退出处理。仲裁处理虽然同样可以在公司解散纠纷中以协商调解的方式进行处理，但是如果不能通过协商处理，一旦公司解散纠纷裁决解散，那么也就意味着结果终局。相较于法院诉讼程序而言，至少一审裁判结果之后，公司还可以通过上诉甚至是再审的方式对裁判结果进行救济。

尽管通过仲裁处处理公司解散纠纷可以缓解法院对于此类纠纷的负担，有其独特的程序特性价值。但是不能忽略的是公司解散的本质是对公司主体资格进行人为消灭的过程，本就应当慎之又慎。而仲裁一裁终局的特性反而成为不适宜处理公司解散纠纷的先天短板。根据《中华人民共和国仲裁法》第五十八条规定，在具备六种法定情况下，方可撤销原裁决。很显然公司解散纠纷很难满足上述规定的六种撤销情形，据此仲裁的先天优势反而成为不适宜处理公司解散纠纷的弊端。

因此，从当下公司解散纠纷审慎决断的趋势来看，不能申请仲裁机构裁决解散公司。这也是为什么《公司法司法解释二》第二十四条明确规定了解散公司诉讼案件和公司清算案件由公司住所地人民法院管辖，而直接排除仲裁处理的原因。

82 债权人能否直接起诉解散公司？

根据《公司法》第一百八十二条规定："公司经营管理发生严重困难，继续存续会使股东利益受到重大损失，通过其他途径不能解决的，持有公司全部股东表决权百分之十以上的股东，可以请求人民法院解散公司。"

因此，从《公司法》第一百八十二条的规定来看，请求解散公司是股东的权利，是股东因为公司经营管理发生严重困难，继续存续会使股东的利益遭受重大损失，穷尽其他途径不能解决，从而向法院提起的请求解散公司的诉讼。股东以外的其他民事主体包括债权人均无权请求解散公司。

不过，债权人虽不能直接起诉要求解散公司，但是，在特定条件下可以对已经出现解散事由的公司申请强制清算，如果发现其资不抵债，债权人可申请公司破产。根据《公司法司法解释二》第七条规定，公司在具备以下情形之一时：(一)公司解散逾期不成立清算组进行清算的，其中“逾期”所指的期限是公司出现解散事由之日起十五日内；(二)虽然成立清算组但故意拖延清算的；(三)违法清算可能严重损害债权人或者股东利益的。债权人可以请求人民法院指定清算组对出现解散事由的债务公司进行强制清算。

债权人向法院申请强制清算应当提交清算申请书。申请书应当载明申请人、被申请人的基本情况和申请的事实和理由。同时，申请人应当向人民法院提交被申请人已经发生解散事由以及申请人对被申请人享有债权或者股权的有关证据。公司解散后已经自行成立清算组进行清算，但债权人或者股东以其故意拖延清算，或者存在其他违法清算可能严重损害债权人或者股东利益为由，申请人民法院强制清算的，申请人还应当向人民法院提交公司故意拖延清算，或者存在其他违法清算行为可能严重损害其利益的相应证据材料。

83 公司解散后未进行清算，债权人是否可以直接起诉股东？

根据《公司法司法解释二》第十八条第二款规定：“有限责任公司的股东、股份有限公司的董事和控股股东因怠于履行义务，导致公司主要财产、账册、重要文件等灭失，无法进行清算，债权人主张其对公司债务承担连带清偿责任的，人民法院应依法予以支持。”

从上述法条可以看出，如果股东怠于履行清算义务，导致公司主要财产、账册、重要文件等灭失，无法进行清算，且怠于履行义务与无法清算的后果之间存在因果关系，那么债权人可以直接起诉股东，要求股东承担清偿责任。

也就是说，债权人可以直接要求股东承担清偿责任，首先要有股东怠于履行义务这个前提，然后还要有这个怠于履行义务必须是导致了无法清算这个结果，这是一个法律因果关系，二者缺少其一都无法追究股东责任。

比如，公司的一个小股东，其在公司的表决权十分得少，不能影响公司的决策，也不参与公司的经营，其怠于履行清算义务无从谈起。

再比如，有些股东虽然怠于履行清算义务，但没有导致无法清算义务的结果，如账册被盗，失火灭失等，这似乎不是怠于履行清算义务的必然结果。

股东怠于履行义务，是指有限责任公司的股东在法定清算事由出现后，在能够履行清算义务的情况下，故意拖延、拒绝履行清算义务，或者因过失导致无法进行清算的消极行为。股东举证证明其已经为履行清算义务采取了积极措施，或者小股东举证证明其既不是公司董事会或者监事会成员，也没有选派人员担任该机关成员，且从未参与公司经营管理，以不构成“怠于履行义务”为由，主张其不应当对公司债务承担连带清偿责任的，人民法院依法予以支持。

有限责任公司的股东举证证明其“怠于履行义务”的消极不作为与“公司主要财产、账册、重要文件等灭失，无法进行清算”的结果之间没有因果关系，主张其不应对公司债务承担连带清偿责任的，人民法院依法予以支持。

但是，如果未经清算的企业完全符合《公司法司法解释二》第十八条第二款规定的逻辑关系，是否就意味着债权人可以直接起诉公司股东，而不用经过起诉要求公司进行清算这一步骤，这似乎是个悖论。因为即使公司出现了股东怠于履行清算义务，公司账册等灭失无法清算情形，债权人也不容易拿出证据予以证明。因此，一般债权人首先要起诉公司，要求清算。法院受理后，获得公司主要财产、账册、重要文件等灭失，无法进行清算法律文书，然后再凭借法院裁定书起诉公司股东，要求股东承担责任。

第五章　对赌协议纠纷

84 什么是对赌协议？

对赌协议是指收购方与出让方在达成并购或融资协议时，对于未来不确定的情况进行一种约定。如果约定的条件出现，融资方可以行使某种权利；如果约定的条件不出现，投资者则行使某种权利。通常我们所提到的对赌协议，是指投资者与目标公司之间达成的融资协议，达到对赌协议约定的一定条件以后，目标公司应当回购股权或股份的协议，因此该种对赌协议通常是为了保护投资者利益。投资者进入目标公司后，应当履行其作为股东的义务，包括实缴其认缴的股权或认购的股份，对公司的盈利及亏损按照对赌协议、持股比例及公司章程等约定承担相应的责任。那么，该种对赌协议是否有效呢?

那么，目标公司能否收购本公司股权或者股份呢?《公司法》第七十四条第一款规定："有下列情形之一的，对股东会该项决议投反对票的股东可以请求公司按照合理的价格收购其股权：（一）公司连续五年不向股东分配利润，而公司该五年连续盈利，并且符合本法规定的分配利润条件的；（二）公司合并、分立、转让主要财产的；（三）公司章程规定的营业期限届满或者章程规定的其他解散事由出现，股东会会议通过决议修改章程使公司存续的。"从这一条法律规定中可以推断，《公司法》并未禁止有限责任公司收购本公司的股份，也就是说有限责任公司在履行法定程序后收购本公司的股份并不违反法律的强制性规定。股份有限公司的规定与有限责任公司大不相同。根据《公司法》第一百四十二条的规定，“股份有限公司不得收购本公司股份。但是，有下列情形之一的除外：（一）减少公司注册资本；（二）与持有本公司股份的其他公司合并；（三）将股份用于员工持股计划或者股权激励；（四）股东因对股东大会作出的公司合并、分立决议持异议，要求公司收购其股份；（五）将股份用于转换上市公司发行的可转换为股票的公司债券；（六）上市公司为维护公司价值及股东权益所必需。”

也就是说，只要签订对赌协议的投资者和目标公司均具有相应的民事行为能力，签订对赌协议系投资者和目标公司之间的真实意思表示，不违反法律、行政法规的强制性规定，不存在《民法典》中关于民事法律行为无效、可撤销的相关规定，不存在格式条款无效的相关规定，则对赌协议有效。投资者与目标公司订立的对赌协议在不存在前述法定无效事由的情况下，目标公司不得仅以存在股权回购或者金钱补偿约定为由，主张对赌协议无效。

说到这里，对赌协议到底“赌”的是什么呢？其实，对赌协议是通过股权回购或是金钱补偿的方式降低投资者的投资风险。相应地，其赌约分为两种，一种是请求目标公司回购股权；另一种是请求目标公司承担金钱补偿。首先，如目标公司未达标，投资人请求目标公司回购股权。人民法院应当依据《公司法》第三十五条关于“股东不得抽逃出资”或者第一百四十二条关于股份回购的强制性规定进行审查。经审查，目标公司未完成减资程序的，人民法院应当驳回其诉讼请求。反之，公司符合回购情形并依法完成交易程序的，可以回购股权。其次，如目标公司未达标，投资人请求目标公司承担金钱补偿义务的，人民法院应当依据《公司法》第三十五条关于“股东不得抽逃出资”和第一百六十六条关于利润分配的强制性规定进行审查。经审查，目标公司没有利润或者虽有利润但不足以补偿投资方的，人民法院应当驳回或者部分支持其诉讼请求。今后目标公司有利润时，投资方还可以依据该事实另行提起诉讼。

通过条款的设计，对赌协议可以有效保护投资人利益，但由于多方面的原因，对赌协议在我国资本市场还没有成为一种制度设置，也没有被经常采用。但在国际企业对国内企业的投资中，对赌协议已经被广泛采纳。在创业型企业投资、成熟型企业投资中，都有对赌协议成功应用的案例，最终企业也取得了不错的业绩。研究国际企业的这些对赌协议案例，对于提高我国上市公司质量，也将有极为现实的指导意义。

85 公司为股东对赌回购义务提供担保是否有效？

公司对外担保需要符合一定的条件。《公司法》第十六条规定，“公司向其他企业投资或者为他人提供担保，依照公司章程的规定，由董事会或者股东会、股东大会决议；公司章程对投资或者担保的总额及单项投资或者担保的数额有限额规定的，不得超过规定的限额。公司为公司股东或者实际控制人提供担保的，必须经股东会或者股东大会决议。前款规定的股东或者受前款规定的实际控制人支配的股东，不得参加前款规定事项的表决。该项表决由出席会议的其他股东所持表决权的过半数通过。”

公司为公司股东或者实际控制人提供关联担保，《公司法》第十六条明确规定必须由股东（大）会决议，未经股东（大）会决议，则构成越权代表。在此情况下，投资者主张公司为股东对赌回购义务提供的担保有效，应当提供证据证明其在与公司订立担保合同时对股东（大）会决议进行了审查，决议的表决程序符合《公司法》第十六条的规定，即在排除被担保股东表决权的情况下，该项表决由出席会议的其他股东所持表决权的过半数通过，签字人员也符合公司章程的规定。但是，前述对公司机关决议内容的审查一般限于形式审查，只要求尽到必要的注意义务即可，标准不宜太过严苛。也就是说，投资者对于伪造或者变造、决议程序违法、签章（名）不实、担保金额超过法定限额等事由不知情的，其对于公司担保行为程序或内容不符合约定或规定构成善意，担保有效。

但是，有以下情况的，即便投资者知道或者应当知道没有公司机关决议或公司机关不符合公司章程等约定的，根据《九民纪要》的相关规定，也应当认定担保合同符合公司的真实意思表示，合同有效：（1）公司是以为他人提供担保为主营业务的担保公司，或者是开展保函业务的银行或者非银行金融机构；（2）公司为其直接或者间接控制的公司开展经营活动向债权人提供担保；（3）公司与主债务人之间存在相互担保等商业合作关系；（4）担保合同系由单独或者共同持有公司三分之二以上有表决权的股东签字同意。

因此，根据前述法律规定，公司对于股东的对外担保只要没有以上无效情况的，担保有效。但是，公司对股东对赌回购义务的担保，与普通的担保不同，本质上是公司为股东在股东内部股权转让提供担保，一旦公司履行了股东回购的对外担保责任，将会导致公司向受让股权的一方股东退还出资，实质上造成了公司资本的减少，造成了抽逃出资的效果，损害了债权人的利益，违背了公司资本维持的原则，违反了《公司法》第三十五条“公司成立后，股东不得抽逃出资”的规定，该种担保不应被法律保护，公司为股东对赌回购义务提供的担保应属无效。

86 信托、私募资管“保底条款”是否有效？

信托、私募基金等私募产品在投资者投资过程中经常出现这种情况：

信托、私募机构作为受托人或管理人通过保底条款补偿投资者损失来吸引投资者。保底条款主要是在投资者投资产品或资产时约定固定收益，承诺保本保收益的条款，也有通过差额补足等增信措施，或者通过回购等资产份额交易的方式实现保底。

在信托中，根据《中华人民共和国信托法》第三十四条的规定，“受托人以信托财产为限向受益人承担支付信托利益的义务。”

《信托公司管理办法》规定，信托公司开展信托业务，不得承诺信托财产不受损失或者保证最低收益。在私募投资基金中，《私募投资基金监督管理暂行办法》第十五条规定，“私募基金管理人、私募基金销售机构不得向投资者承诺投资本金不受损失或者承诺最低收益。”《关于加强私募投资基金监管的若干规定》第六条也规定，私募基金管理人、私募基金销售机构及其从业人员在私募基金募集过程中不得直接或者间接以口头、书面或者通过短信、即时通信工具等方式直接或者间接向投资者承诺保本保收益，包括投资本金不受损失、固定比例损失或者承诺最低收益等情形。《私募投资基金募集行为管理办法》也明确规定，募集机构及其从业人员推介私募基金时，禁止以任何方式承诺投资者资金不受损失，或者以任何方式承诺投资者最低收益，包括宣传“预期收益”、“预计收益”、“预测投资业绩”等相关内容。

《私募投资基金备案须知（2019 版）》中对此做出了相应的解释，“投资者获得的收益应当与投资标的实际收益相匹配，管理人不得按照类似存款计息的方法计提并支付投资者收益。管理人或募集机构使用‘业绩比较基准’或‘业绩报酬计提基准’等概念，应当与其合理内涵一致，不得将上述概念用于明示或者暗示基金预期收益，使投资者产生刚性兑付预期。私募证券投资基金管理人不得通过设置增强资金、费用返还等方式调节基金收益或亏损，不得以自有资金认购的基金份额先行承担亏损的形式提供风险补偿，变相保本保收益。”资产管理业务是金融机构的表外业务，在信托、私募产品或资产通过明示或者默示的方式，进行直接或间接的保底承诺，有违信托、私募产品或者资产的独立性，可能导致该类投资产品与存款类、债权类产品无异，因此，不得在表内开展资产管理业务，不能通过任何刚兑来模糊表内表外的界限。

综上，信托公司、商业银行等金融机构作为资产管理产品的受托人，与受益人订立的含有保证本息固定回报、保证本金不受损失等情形的保底或者刚兑条款，不论形式如何，即使以抽屉协议或其他方式约定，均应属违反法律、法规的强制性规定，违背了信托、私募产品或资产理财的本性，应被认定为无效。投资者作为受益人有权请求信托公司、商业银行等金融机构作为资产管理产品的受托人对其损失承担与其过错相适应的赔偿责任的。

87 对赌协议之债是否属于夫妻共同债务？

夫妻一方因签署对赌协议而产生的债务，是否属于夫妻共同债务呢？我们结合以下案例来进行分析。

以案说法（5-1）

许某与郑某均系YGD公司的股东，二人系夫妻关系。许某因在YGD公司与HL公司签订《股权转让协议》即对赌协议，而对HL公司负有股权回购义务，由此HL公司对许某享有债权。郑某主张，许某应承担的债务因不属于夫妻共同生活、共同生产经营的情形，而不属于夫妻共同债务。

《民法典》第一千零六十四条规定，“夫妻一方在婚姻关系存续期间以个人名义超出家庭日常生活需要所负的债务，债权人以属于夫妻共同债务为由主张权利的，人民法院不予支持，但债权人能够证明该债务用于夫妻共同生活、共同生产经营或者基于夫妻双方共同意思表示的除外。”根据该规定，夫妻一方以个人名义超出家庭日常生活需要所负的债务认定为夫妻共同债务，须有证据足以证明该债务用于夫妻共同生活、共同生产经营或者具有夫妻共同意思表示。

因此，首先，在本案中，许某取得 YGD 公司股权时处于与郑某的婚姻关系存续期间，该股权应认定为夫妻共同财产。第二，郑某在婚姻关系存续期间亦曾任 YGD 公司股东，后虽将股权转让至许某一人投资的其他公司，但陆续担任 YGD 公司监事、监事会主席及财务副总等核心要职。许某则陆续为 YGD 公司的唯一股东、控股股东，作为公司的法定代表人，任公司董事及经理。YGD 公司系许某、郑某二人分工协力，共同经营的企业，因经营或任职 YGD 公司所获得的收入亦应属于夫妻共同财产。第三，《股权转让协议》约定，如 YGD 公司未能在 2017 年 12 月 31 日前完成中国 A 股 IPO 上市申报或未能在 2020 年 12 月 31 日前完成中国 A 股 IPO 上市，则 HL 公司有权向许某转让其在本次转让取得的 YGD 公司全部或部分股份，许某必须予以购入，回购或转让的价款的支付时间为收到 HL 公司通知后 1 个月内。案涉协议约定许某负有回购股权的义务，这同时也是 HL 公司购买股权投资 YGD 公司的条件，可见案涉协议的签订系出于经营 YGD 公司的商业目的，因此产生的回购股权债务应属于公司生产经营所负债务。最后，2017 年 8 月，YGD 公司召开监事会会议，郑某作为监事会主席进行主持，会议对 YGD 公司《2017 年半年度报告》进行审议并表决通过，郑某对 YGD 公司 2017 年 4 月签订的案涉《股权转让协议》及 2017 年 8 月收到 HL 公司支付的股权转让款应系明知并且同意。因此签订案涉协议应系许某、郑某因经营公司所做出的共同决策，案涉债务的负担具有夫妻共同意思表示，属于夫妻共同债务。

综上所述，夫妻一方以个人名义超出家庭日常生活需要所负的债务认定为夫妻共同债务，针对对赌协议产生的债务，须有证据足以证明该债务用于夫妻共同生活、共同生产经营或者具有夫妻共同意思表示，才属于夫妻债务。

那么，什么情况下对赌协议之债不属于夫妻共同债务呢？根据前述法律规定，只有对赌协议之债如果未基于夫妻共同意思表示，未用于夫妻共同生活、共同生产经营，且涉案金额明显超出家庭日常生活所需的，才不属于夫妻共同债务。对于夫妻中未涉及对赌协议的一方来说，其并未因对赌协议直接获取任何利益，在没有夫妻双方共同签名或者夫妻中未涉及对赌协议的一方未事后追认的情况下，该笔债务为签订对赌协议一方的个人债务，而非夫妻共同债务。

第六章　婚姻继承纠纷

第一节　婚姻中产生的股权纠纷

88 公司股东未经配偶同意转让股权，受让人能否取得股东资格？

在夫妻公司中，受让人能否取得股东资格，其核心是需要确定公司股东与受让人签订的《股权转让协议》是否有效。同时需要思考的是，登记在夫妻各自名下的股权份额是否为夫妻共同共有？夫妻一方向受让人转让公司全部股权的行为，是否需要夫妻另一方的同意？

二人持股的夫妻公司，登记在夫妻各自名下的股权份额，司法实践中一般认定为了办理工商登记之用，并非双方对共同财产的分割约定，夫妻双方工商登记的各自名下股权份额认定为夫妻共同共有。其主要原因是夫妻一方以夫妻共同财产出资，登记在自己名下的公司股权，一般认定为夫妻关系存续期间取得的财产，根据《民法典》第一千零六十二条的规定，夫妻在婚姻关系存续期间所得的生产、经营、投资的收益为夫妻的共同财产，夫妻一方名下的股权应归夫妻双方共同共有。因此，夫妻一方向受让人转让公司全部股权的行为，是对夫妻共同财产的处分。

根据《公司法》第七十一条第二款规定："股东向股东以外的人转

让股权，应当经其他股东过半数同意。股东应就其股权转让事项书面通知其他股东征求同意，其他股东自接到书面通知之日起满三十日未答复的，视为同意转让。其他股东半数以上不同意转让的，不同意的股东应当购买该转让的股权；不购买的，视为同意转让。” 据此，夫妻一方向受让人转让公司全部股权，夫妻另一方是否具有优先购买权?

首先，夫妻公司的股东之间具有特殊关系，夫妻为共同共有关系，因此夫妻股东对登记在各自名下的股权享有的是共同共有权，而不是按份共有。夫妻一方转让自己名下的股权是对共有物的处分，而非自有财产的处分，应适用有关共同共有的规定，不适用《公司法》第七十一条的规定。

再次，《民法典》第三百零五条只规定了按份共有人享有优先购买权，因而对共同共有关系存续期间，共同共有人不享有财产分割请求权，因此不存在优先购买权。若登记在夫妻一方名下的股权，属于夫妻双方在夫妻关系存续期间取得的共同共有财产，且夫妻关系一直持续，也未有对共有财产分割的约定，则夫妻另一方不享有共有人的优先购买权，也不享有公司法第七十二条规定的股东优先购买权。可得出结论，讼争《股权转让协议》不存在因侵害夫妻另一方的优先购买而无效的情形下，夫妻一方转让自己名下的股权和转让夫妻另一方名下10%的股权，都应认定为有效转让行为。

最后，根据《民法典》第一千零六十二条规定，夫妻对共同所有的财产，有平等的处理权。因而，夫妻一方代表公司名义与受让人签订的《股权转让协议》是否有效，也需要判断受让人主观上是否为善意的，受让人是否有足够的理由相信其为夫妻双方共同意思表示，比如是否审查股权转让是否经过股东会决议。

89 离婚时“夫妻公司”的股权怎么分配？

所谓“夫妻公司”，业内通常认为是指夫、妻以共同财产设立且股东仅为该二人的有限责任公司，在离婚案件中对这类“夫妻公司”的股权该如何分配?

“夫妻公司”在财产关系上具有不同于一般有限责任公司的特点：第一，“夫妻公司”的股东仅为夫妻二人，这决定了离婚时“夫妻公司”的股权分配及股权收益分割，既要以《民法典》为依据，又要兼顾《公司法》中的规定；第二，“夫妻公司”的注册资本是由夫妻关系存续期间的夫妻共同财产进行出资；第三，“夫妻公司”并不按照《公司法》规定履行股东会、执行董事、监事职能，公司决策高度集中在夫妻二人手中；第四，“夫妻公司”注册登记时的夫妻股权比例，主要是为了办理工商登记，并不能真实反映夫妻实际权益的分配，并不能绝对等同于夫妻之间的财产约定。

基于“夫妻公司”特有的性质，离婚时“夫妻公司”的股权分配主要分为三种情形：

（1）夫妻双方都要求继续经营公司；

（2）夫妻一方继续经营公司，另一方要求相应的价款；

（3）夫妻双方都不想继续持有股权。

第一种情形，如果夫妻双方在离婚时，都想继续经营公司，夫妻双方可以平分股权，或者按照双方协商的比例分割股权，在这种情况下，需要向登记机关申请变更登记。如果夫妻双方享有的股权的份额不等，由获得较多的一方给予对方相应的补偿价款；第二种情形，如果夫妻一方只是挂名，不参与经营，也没有经营能力，一般会将大部分股权归有经营能力的一方，当然继续持有股权的一方需要给予对方相应的经济补偿；第三种情形，夫妻双方都不想继续持有股权，只要求分得相应的价款，这种情况下，可以对公司进行清算或者将全部股权转让给第三方，获得的价款在夫妻之间进行分割。

在现实生活中，离婚时“夫妻公司”的股权分配往往伴随股权财产收益在夫妻之间如何进行分割的问题。根据《民法典》第一千零六十二条的规定，夫妻在婚姻关系存续期间所得的生产、经营、投资的收益为夫妻的共同财产，因此，无论是用一方婚前的个人财产还是用夫妻共有财产投资于同一家公司，如果双方对夫妻共有财产未作出分割约定，公司分别登记在夫和妻名下的股权所产生的财产收益均属于夫妻共有财产。另根据《最高人民法院关于适用<民法典>婚姻家庭编的解释(一)》第七十二条，夫妻双方分割共同财产中的股票、债券、投资基金份额等有价证券以及未上市股份有限公司股份时，协商不成或者按市价分配有困难的，人民法院可以根据数量按比例分配。

90 一方公司股东能否基于离婚协议将自己的公司股权转让给其妻子？

夫妻双方协议离婚，就对夫妻一方名下的公司股权分割比例达成一致意见，但该公司其他股东不同意夫妻一方名下的股权分割给夫妻另一方，在这种情况下，夫妻另一方是否可以成为该公司的股东?

根据《公司法》第七十一条规定，有限责任公司的股东之间可以相互转让其全部或者部分股权。

股东向股东以外的人转让股权，应当经其他股东过半数同意。股东应就其股权转让事项书面通知其他股东征求同意，其他股东自接到书面通知之日起满三十日未答复的，视为同意转让。其他股东半数以上不同意转让的，不同意的股东应当购买该转让的股权；不购买的，视为同意转让。

经股东同意转让的股权，在同等条件下，其他股东有优先购买权。两个以上股东主张行使优先购买权的，协商确定各自的购买比例；协商不成的，按照转让时各自的出资比例行使优先购买权。

公司章程对股权转让另有规定的，从其规定。

根据《最高人民法院关于适用<民法典>婚姻家庭编的解释(一)》第七十三条的规定，人民法院审理离婚案件，涉及分割夫妻共同财产中以一方名义在有限责任公司的出资额，另一方不是该公司股东的，按以下情形分别处理。

（一）夫妻双方协商一致将出资额部分或者全部转让给该股东的配偶，其他股东过半数同意，并且其他股东均明确表示放弃优先购买权的，该股东的配偶可以成为该公司股东；

（二）夫妻双方就出资额转让份额和转让价格等事项协商一致后，其他股东半数以上不同意转让，但愿意以同等条件购买该出资额的，人民法院可以对转让出资所得财产进行分割。其他股东半数以上不同意转让，也不愿意以同等条件购买该出资额的，视为其同意转让，该股东的配偶可以成为该公司股东。

用于证明前款规定的股东同意的证据，可以是股东会议材料，也可以是当事人通过其他合法途径取得的股东的书面声明材料。

由于公司具有人合性的特征，因此在离婚案件中，夫妻一方要求分割另一方公司股东名下的股权，不仅要以《民法典》婚姻家庭编相关规定为依据，也要兼顾《公司法》中的规定。在夫妻一方名下的股权为夫妻共同财产的情况下，夫妻一方公司股东，另一方不是公司股东，在离婚的时候可以主张夫妻一方名下股权份额的50%或者相应的股权折价赔偿款，但是如果主张成为公司的股东，则还需要经过其他股东过半数的同意，且其他股权具有优先购买权。

综上所述，夫妻双方对一方名下的公司股权进行分割，如果该公司其他股东愿意以同等条件购买该出资额的，则人民法院可以对转让出资所得财产进行分割。如果其他股东不同意转让，也不愿意以同等条件购买该出资额的，则视为其同意转让，夫妻另一方可以成为该公司股东。

91 离婚时“一人公司”的股权如何分配？

一人公司股权作为夫妻共同财产分割时，不仅要依据《婚姻法》的夫妻财产制，还要遵循《公司法》关于公司治理的相关规定。

主要涉及的法条为《民法典》第一千零六十二条规定：“夫妻在婚姻关系存续期间所得的下列财产，为夫妻的共同财产，归夫妻共同所有：……（二）生产、经营、投资的收益。”《公司法》第七十一条第四款规定：“公司章程对股权转让另有规定的，从其规定。”

首先，一人公司股权的离婚财产分割，虽然不涉及案外其他股东的同意和优先购买权问题，但是根据《公司法》第七十一条第四款规定：“公司章程对股权转让另有规定的，从其规定。”这意味着，一人公司股权的离婚分割仍需要审查是否符合涉案公司章程的规定，如果涉案一人公司的章程对于股权转让有更为严格的规定，则必须遵守该公司章程的规定。

再次，请求分割涉案公司的股权，需要考虑夫妻二人是否有意愿经营公司的因素。现实生活中主要会涉及三种情形，第一种情形，如果夫妻双方在离婚时，夫妻双方都想继续经营公司，则夫妻双方可以协议一致平分股权，或者按照双方协商的比例分割公司的股权，在这种情况下，公司则需要向登记机关申请变更登记。如果夫妻双方享有的股权的份额不等，一般情况由获得较多的一方给予对方相应的补偿价款；第二种情形，夫妻一方无意愿参与公司经营，也没有公司经营能力，一般会将大部分公司股权归有经营能力的夫妻另一方，当然继续持有股权的一方需要给予对方相应的经济补偿；第三种情形，夫妻双方都不想继续持有股权，只要求分得相应的价款，这种情况下，可以对公司进行清算或者将全部股权转让给第三方，获得的价款夫妻之间再进行分割。

最后值得注意的是，夫妻二人在分割一人公司股权时，也应避免导致公司僵局的治理困境情形的发生。因夫妻财产分割原则上是平均分割，如果双方协商或法院判决为各 50% 的股权分割比例，在这种情况下，若将来在公司内部出现股东对抗等情形导致公司决议无法通过，往往影响公司的经营管理，导致出现公司僵局的状态，最终会造成公司解散的局面。

第二节　继承中产生的股权纠纷

92　被继承人去世后，继承人能否继承股东资格？

被继承人去世后，继承人能否继承股东资格，其主要核心在于公司章程是否有约定排除或限制继承发生时新股东的加入。

股东生前持有的该公司的股份，具有财产权益，应属于其遗产。根据《公司法》第七十五条：“自然人股东死亡后，其合法继承人可以继承股东资格；但是，公司章程另有规定的除外"的规定，股东资格可以被继承，该股东资格既包括股东的财产权，也包括基于财产产生的身份权。继承人只需证明其是被继承人的合法继承人，而被继承人是公司股东即可；其他股东只有证明公司章程有约定排除或限制继承发生时新股东的加入，继承人方不能取得股东资格。若公司章程未对股东资格的继承做出限定，则继承人能依法继承被继承人在公司的股东资格。

其主要依据《民法典》第一百二十四条规定："自然人依法享有继承权。自然人合法的私有财产，可以依法继承。"《公司法》第七十五条规定："自然人股东死亡后，其合法继承人可以继承股东资格；但是，公司章程另有规定的除外。"《公司法司法解释四》第十六条规定："有限责任公司的自然人股东因继承发生变化时，其他股东主张依据公司法第七十一条第三款规定行使优先购买权的，人民法院不予支持，但公司章程另有规定或者全体股东另有约定的除外。"

另外，股权作为一种财产权，属于自然人合法财产，自然人可以依据《民法典》第一百二十四条及《公司法》第七十五条的规定作为遗产被继承。就股权的本质属性来讲，既包括股东的财产权，也包括基于财产权产生的身份权即股东资格，因此，继承人自被继承人死亡时开始享有股权的财产性权利，也可以享有股东资格。

当然，根据《公司法》第七十五条规定，公司可以就股权继承问题进行限制，比如，公司章程规定股东死亡后继承人不能继承股东资格，或者规定当股东不同意某人继承已死亡股东的资格时，可以采用股权转让的方式处理股权继承问题。但应注意的是，公司章程只能就股东资格的继承做出限制性的规定，但不影响股权财产性权利的继承。同时，也需要结合公司章程及修正案的制定时间考量，如果该章程修正案是在股东死亡后才形成的，即在做出修正案时死亡的股东已无机会表达意见，此时形成的具有股权继承限制条款的章程修正案，是否对股东继承人产生效力，则需谨慎对待。

93 公司股东死亡后，多个继承人该如何行使股权？

公司股东的死亡，不可避免地引发股权继承方面的纠纷，而最突出的问题主要存在于多个继承人法定继承的情形中，在继承开始后，这些继承人该如何行使股权?

继承人行使股权需要注意两个时间段涉及不同的法律问题，第一个时间段是继承开始后，股份在共同继承人之间分割完毕之前；第二个时间段是，股权在共同继承人之间分割完毕之后。

首先，在继承开始后，股份在共同继承人之间分割完毕之前，此段期间，多个继承人该如何行使股权?根据《民法典》第三百零八条“共有人对共有的不动产或者动产没有约定为按份共有或者共同共有，或者约定不明确的，除共有人具有家庭关系等外，视为按份共有”的规定，共有关系未明确时，共有人具有家庭关系时视为共同共有。法定继承的继承人之间一般具有家庭关系，因此，股东死亡后至股份分割前，多个继承人就死亡股东的股份形成了共同共有关系，多个继承人共享一个股东资格。在此期间，不免会出现股权行使的需求，而每个继承人对外无法单独表达其意思表示。

如在（2015）岳中民二终字第325号案例中，法院认为公司原股东陈某1死亡后，因其作为遗产的股权并未分割，陈某作为继承人之一，与另外两继承人熊某、陈某2共同享有陈某1名下的股权，对该共有股权的处分须经全体共有人同意，而无权进行单独处分。陈某在未取得其他共有人同意的情况下，私自在《股权及土地收购协议》上签字，做出转让共有股权的意思表示，事后又未得到其他共有人的追认，从而导致整个合同目的无法实现，故陈某对此具有明显过错。根据《民法典》第一千一百四十五条的规定，遗产的处理按照遗产管理人制度，因此，多个继承人可以由推选的遗产管理人来作为共同继承人的代表人，代表共同继承人行使股权。

其次，股东资格继承适用继承的法律规则。根据《民法典》继承编的相关规定，如果股东没有留下遗嘱，应该按照法定继承的规定来继承，在法定继承中，同一顺序继承人继承遗产的份额，一般应当均等，除非能够证明某一法定继承人存在着不分、少分、多分的法定事由。

最后，一旦各继承人应继份确定下来，各共同继承人就会请求遗产分割，共同共有关系随之消灭。对共同共有的股份分割之后，各共同继承人已经可以基于分配所得的股份独自行使股权。

如在（2018）琼9022民初412号中，法院认为被继承人林某的遗产为辰鸿公司7.5%股权，林某应继承份额为3.75%。因被告未提供证据证明公司章程对合法继承股东资格另有规定，原告林某作公司的自然人股东的合法继承人，应当确认为公司的股东，依据《公司法》第三十二条第三款规定："公司应当将股东的姓名或者名称向公司登记机关登记；登记事项发生变更的，应当办理变更登记。未经登记或者变更登记的，不得对抗第三人。"

综上，在继承开始后，股份在共同继承人之间分割完毕之前，对该共有股权的处分须经全体共有人同意；而各共同继承人应继份确定下来之后，可以基于分配所得的股份，可主张到工商局登记处完成股东身份登记备案以及相应股权的过户手续。

94 未成年人是否能够继承公司股权？

公司登记股东身亡后，未成年人能否继承该公司股权？作为法定监护人，代表未成年人与受让人签署的《股权转让合同》是否有效？

其主要涉及法律条文为《民法典》第三十四条："监护人的职责是

代理被监护人实施民事法律行为，保护被监护人的人身权利、财产权利以及其他合法权益等。监护人依法履行监护职责产生的权利，受法律保护。监护人不履行监护职责或者侵害被监护人合法权益的，应当承担法律责任。”及《公司法》第七十五条：“自然人股东死亡后，其合法继承人可以继承股东资格；但是，公司章程另有规定的除外。”

司法实践中，公司登记股东因故死亡后，若公司章程未另有规定，公司股权一般是由其合法继承人继承。对于未成年人在继承股权应得份额后，作为未成年人的法定监护人，法定监护人为了未成年人的合法利益，是有权处理未成年人的财产，包括未成年人股权的处分。若公司的大部分股东均同意将未成年人持有的股权转让给受让人，则法定监护人在代为未成年人转让股权并无不当，在没有相反证据证明法定监护人代为转让未成年人的股权行为损害未成年人的利益情况下，那么法定监护人履行监护的行为是受法律保护的，法定监护人代表未成年人签订的《股权转让合同》属于合法有效。如“饶某 1 名下该公司 8% 股权为饶某 1 与刘某共同财产，无其他共有人，亦无限制性权利，即 4% 分别由饶某 1 之父、妻刘某、子饶某 2 各继承 1 / 3，因继承人饶某 2 系未成年人，故其继承份额由法定监护人刘某代为领取、保管。之后，该公司的大部分股东同意将其所持公司股权对外转让，刘某作为饶某 2 法定监护人，代表饶某 2 与受让人签署《股权转让合同》。”

另外，我国《民法典》对于继承人是否需要具备民事行为能力并没有要求，《公司法》也没有要求股东必须具有完全民事行为能力，在公司章程没有另行规定的情况下，无民事行为能力人或者限制行为能力人可以继承股东资格，其股权由法定代理人行使。值得注意的是，根据《民法典》第三十五条的规定，作为未成年人的监护人，应当按照最有利于被监护人的原则履行监护职责，监护人除为维护被监护人利益外，不得处分被监护人的财产。

综上所述，未成年人其继承的股权由法定监护人代为管理和处分，只要监护人的处分行为没有损害被监护人未成年人的利益，一般均为有效。

95 显名股东去世后，隐名股东该如何保证自身权益？

显名股东去世后，作为隐名股东，会面临与显名股东继承人纠纷处理的难题，如果显名股东的继承人不承认与其存在股权代持关系，作为隐名股东会陷入“竹篮打水一场空”的局面，出现这种情况，作为隐名股东该如何保证自身权益?

公司的显名股东去世后，隐名股东如果想要维护自己的合法权益，首先需要证明本人是否为公司的隐名股东，与显名股东（被继承人）是否为股权代持关系，才能进一步主张股权财产权益或者成为公司的显名股东的问题。另外，隐名股东应当对其出资享有股权及与显名股东构成股权代持关系等待证事实承担举证责任，其未完成举证责任，可能会承担举证不能的法律后果。

如案例“K某提供与显名股东陈某及其妻子关于公司经营情况等证据证明其是公司的隐名股东，其股权由陈某代持，后陈某去世，相应股权由其继承人继承，后赫玛公司破产清算，现K某要求陈某继承人按持股比例返还利润和分配剩余财产。法院认为，K某所主张的出资事实，仅有其单方陈述，而没有其他证据佐证，K某对上述待证事实仍需进一步举证证明，其未完成举证责任，应当承担举证不能的法律后果，从而对K某的主张不予支持。”

隐名股东如果主张显名成为股东名册登记股东，或者实际出资人请求公司确认其股东身份，向其签发出资证明书、记载于股东名册、记载于公司章程并办理公司登记的，根据《九民纪要》第二十八条，“实际出资人能够提供证据证明有限责任公司过半数的其他股东知道其实际出资的事实，且对其实际行使股东权利未曾提出异议的，对实际出资人提出的登记为公司股东的请求，人民法院依法予以支持。公司以实际出资人的请求不符合《公司法司法解释三》第二十四条的规定为由抗辩的，人民法院不予支持”裁判要旨，隐名股东显名的条件需要征得公司其他股东半数以上同意。

另外，隐名股东在与显名股东签订《代持协议》时，应当注意签署《代持协议》应尽量让公司其他所有股东签字确认，并取得其他所有股东关于同意隐名股东或隐名股东的继承人随时都可要求显名的声明书面文件，同时，应注意与显名股东沟通记录的留痕，沟通记录应显示出股权代持的关系，避免发生纠纷时，无法提供证据证明为公司的隐名股东，与显名股东具有股权代持关系，从而造成“竹篮打水一场空”的后果。

96 股东生前未履行出资义务，去世后，公司解除其继承人股东资格是否有效？

股权作为一种特殊财产，也会在所有权人死亡后产生一定的继承权益纠纷。我们本篇将讨论的就是如果股东生前未履行出资义务，去世后，公司解除其继承人的股东资格是否有效的问题。笔者将结合以下案例来进行解答：

以案说法（6-1）

2008年9月2日，甲公司成立，股东登记为A公司、柯先生，注册资本各为250万元，各占股50%，柯先生为法定代表人。2015年2月16日，柯先生去世，其所立遗嘱表示，其在甲公司的股权由其妻陈女士继承。柯先生死亡后，其子女均书面同意柯先生在甲公司的股东权利和义务由陈女士继承。2018年12月15日，甲公司召开股东会并形成会议决议，由马先生任公司执行董事、法定代表人；在马先生任公司执行董事、法定代表人后，清理公司账目时发现，原股东柯先生出资认缴的250万元存在全额抽逃出资问题，于2019年1月31日召开临时股东会，会议拟审议原股东柯先生抽逃出资问题及相关事项。2019年1月31日，甲公司召开临时股东会，会议一致通过，解除陈女士作为甲公司股东资格。A公司与陈女士之间因陈女士股东除名问题发生纷争，故而成讼。

陈女士书面回复称：相关变更登记事项按照法定程序在办理中，需要时间；关于柯先生“抽逃出资”问题，陈女士对之前公司涉及的交易、管理不知情，且该事件暴露的时间节点在柯先生死亡之后，无法与柯先生查证、核实，甲公司解除其股东资格于法无据。

本案中，甲公司原股东柯先生履行250万元出资义务后，又抽逃全部出资，公司股东会推选的执行董事已以公司名义进行了返还催告，但继受股东陈女士并未返还出资，事实上，从陈女士的认为已履行出资、并未抽逃出资及至今尚未返还部分出资的情况看，其亦无返还出资的意思和行为表示，即使返还期限延长亦产生同样的结果。

股东按公司章程履行出资义务既是对其他股东信守承诺的表现，同时也是公司及全体股东权益得以实现的保障，股东抽逃全部出资尤其是巨额出资，不仅未履行去出资义务，无疑也会对公司的权益造成或大或小的损害，此为常理。因此，涉案股东会决议解除陈女士股东资格并不违反法律强制性规定，公司解除其股东资格依法有效。

根据《公司法》第三十五条的规定："公司成立后，股东不得抽逃出资。"《公司法司法解释三》第十七条第一款规定："有限责任公司的股东未履行出资义务或者抽逃全部出资，经公司催告缴纳或者返还，其在合理期间内仍未缴纳或者返还出资，公司以股东会决议解除该股东的股东资格，该股东请求确认该解除行为无效的，人民法院不予支持。"

综上所述，股东对公司负有履行出资的义务，股东抽逃出资，未履行出资义务的，其去世后，公司想要解除其股东资格需要满足一定的条件。第一，公司需对其继承股东进行返还催告，第二公司需通过召开股东会这一形式，解除去世股东资格，进而排除其继承人的股东身份，维护公司及公司其他股东的合法权益。

97 继承人是外国国籍时能否继承被继承人股权？

根据全球化智库（CCG）发布的《世界移民报告2020》显示，2019年中国是世界第三大国际移民来源国。尽管移民在一定程度上能实现在海外工作和生活的便利，但同时移民的负面影响也非常明显。其中一个问题在于，继承人是外国国籍时能否继承被继承人的股权？

以案说法（6-2）

2001年金某和第三人薛某合资在中国成立WKD公司，注册资金为人民币100万元。金某出资90万元任公司执行董事兼法定代表人，薛某出资10万元任公司监事。金某妮系金某的女儿。2006年2月金某妮加入德国国籍。2007年2月，金某死亡。金某的女儿要求WKD公司、薛某承认其股东身份并配合办理有关的股权变更登记手续，遭到拒绝，故而提起诉讼。

被告 WKD 公司辩称，《公司法》第七十五条规定，自然人股东死亡后，其合法继承人可以继承股权，但这不意味着继承人当然获得公司股权，能否获得股权需要与公司其他股东协商。

就本案来看，原告金某妮在一审中出具的上海市继承权公证书已经证明其为金某的合法继承人，对于被继承人金某为 WKD 公司的股东，被告对此也没有异议。因此，在公司章程未对股权继承另作约定的情况下，原告金某妮作为 WKD 公司股东金某的合法继承人无须公司过半数股东的同意，法院最终依据法律规定认定金某妮具有继承该公司的股东身份。

继承人金某妮的国籍身份，在一定程度上影响着被告 WKD 公司的判断。但实际上，根据我国相关法律，外籍身份并不会实质影响继承人的继承权利，《民法典》在第一千一百二十条明确规定“国家保护自然人的继承权。”换言之，不仅中国公民的继承权在《民法典》的保护之列，外国人、无国籍人只要符合相应法律法规要求，其继承权同样受《民法典》的保护，这也符合私有财产神圣不可侵犯的司法一般原理。

我国《公司法》第七十五条规定：“自然人股东死亡后，其合法继承人可以继承股东资格；但是，公司章程另有规定的除外。”这为死亡股东的合法继承人继承股东资格提供了法律依据。一是股东身份即股东资格是基于股东财产权而产生的，一般来说其身份权应当随其财产权一同转让；二是考虑到被继承人作为公司的股东，对公司曾做出贡献，其死后如无遗嘱另作安排，由其法定继承人继承其股东资格有合理性，也符合我国传统。根据该条，股东资格的继承是一种当然继承，在发生股权继承的情形下，继承人只需要证明其为被继承人的合法继承人，而被继承人是公司股东即可。除非其他股东能够证明公司章程有排除或限制继承发生时新股东的加入时，继承人方不能自动取得股东资格。

因此，外籍身份原则上并不会实质影响继承人的继承权利，但股东资格是否能够继承，还要看公司章程是否有限制性条款。如果公司章程限制继承人继承股东资格，则股东的资格不能被继承，但是股权作为一种财产性权利可以被继承。

第七章　股权激励纠纷

98 什么是股权激励？

所谓股权激励是指授予公司经营者、高管、员工股权，使他们能以股东身份参与决策、分享利润、承担风险，从而勤勉尽责地为公司服务的一种激励制度，主要包括股票期权、员工持股计划和管理层收购等方式。

股权激励的本质是通过对人力资本价值及人力资本剩余价值索取权的承认，正确处理货币资本与人力资本的矛盾，形成利益共生共享的机制与制度安排，它是企业基于未来可持续性成长和发展的一项战略性人力资源举措，在实际操作中要达到两个目的：一是要持续激励企业高管团队为股东创造更高业绩，二是激励和留住企业需要的核心专业技术人才，股权激励方案的设计要始终围绕这两个基本目的而展开，这就需要在方案设计和实施中充分了解经营团队及核心人才的内在需求结构、激励现状与问题，与股东及董事会成员充分沟通，双方就股权激励的对象、标准、条件、激励水平达成共识，方案的设计既要反映公司核心价值观及人力资源战略的价值取向，又要反映激励对象的内在激励诉求。

按照《上市公司股权激励管理办法（试行）》规定，上市公司股权激励可分为股东转让股票、股票期权和限制性股票。另外，还有一种以虚拟股票为标准的股权激励方式，称为股票增值权。但《上市公司股权激励管理办法（试行）》规定适用于上市公司，虽然对有限责任公司有一定的参考价值，但上市公司是股价透明、交易市场活跃，有限责任公司是封闭性公司，具有股价不易认定，转让受限等特定，使得有限责任公司实施股权激励有其特殊性。有限责任公司不可能照搬上市公司的规定来实行股票期权或限制性股票计划，必须根据有限责任公司的特点，因企制宜，制定适合自身特点的股权激励方案。

股权激励对公司具有多重战略意义，以下列举其中直接和重要的几个方面。

第一是吸引高端人才。股权激励最重要的目的就是要吸引人才，包括两个方面留住现有的人才和吸引新的人才。好的股权激励计划能够留住现有的人才，树立公司良好的形象以及口碑，起到筑巢引凤的效果。

第二是提高经营效率、降低管理成本。有效的股权激励计划使员工的身份得以转变，建立员工主体意识，形成企业与员工的利益协同机制，提高员工的企业归属感和荣誉感，能够极大刺激员工的生产积极性；同时降低企业的管理成本，包括减少企业发放现金的压力，有助于企业形成更良好的现金流，改善财务状况。

第三是促进公司融资。采取增量资金实施的股权激励计划，可以在短期内集中员工的有限资金充实公司资本金，支持公司发展。同时股权激励计划的实施也提高公司的投资价值，外部投资者透过公司员工对公司发展的信心才能够树立投资信心。

第四是提升领导力、改善管理理念。因股权激励的实施，有利于打造“上下同欲”的积极氛围，帮助公司及其各利益相关者创造更大价值，原有股东也因此获得更大回报。这反过来会促进企业领导者气质和管理层理念的再造，使其以更高瞻远瞩的眼光、海纳百川的胸怀经营企业，使企业的发展进入正循环。

第五是优化股权结构，助力基业长青。股权激励的实施，改变原本相对单一的持股结构，使公司股权结构多元化，在保持实际控制人控股地位不受影响的前提下，有助于形成更为稳定、优化的股权结构，形成公司发展的多向合力，并因此改善公司的治理机制。

综合上述因素，良好的有针对性的股权激励计划的实施，对于提升公司品牌价值、综合竞争力，并实现企业的可持续发展，具有十分重要的不可替代的作用。纵观中外基业长青之优秀企业，鲜有不采取股权激励措施的。

99 什么样的员工应当被授予激励股权？

简单来说，股权激励的对象，首先应当考虑能够持续为公司带来价值的员工，其次应当考虑曾经给公司带来价值的员工，以此来实现股权激励效能最大化。所以，应当被授予股权激励的员工主要有三类。

一是现有核心骨干员工。董事会成员、高管人员和核心骨干员工是对公司非常重要的人力资本，他们是公司价值创造的主力军，因此要将他们的个人利益与企业利益同步，使得他们能够分享企业利益的增长，从而让他们更加关心公司的长期价值。因此要对这些现有骨干授予具有高额价值的股权激励，让股权激励在其薪酬结构中占据绝大部分的比例，目的是将他们留住并激励他们为公司创造更大的价值。同时，股权激励是有条件的，我们通过股权激励的内在约束性和各种附加的外在约束条件对激励对象的行为进行约束。

二是企业发展过程中曾有突出贡献的员工。企业发展过程中曾有突出贡献的员工可能曾经是公司的高管和核心骨干员工，手里掌握着公司的资源，因此，即使基于利益的考虑，公司也应当考虑将这些员工作为激励对象。

三是未来人才。股权激励虽然考虑到员工的历史贡献，但更多的是着眼于未来能给公司带来的价值。我们从来不鼓励员工躺在功劳簿上睡大觉，只有那些未来价值极高、极具商业潜力、能够给公司带来竞争力的员工，才值得花大力气去激励。对这种员工的股权激励，也可以说是公司对员工的投资。只有商业回报高的员工，才值得公司用股权这一稀缺资源来进行投资。

不过，虽然公司在确定股权激励对象的时候会将员工的稳定性作为考虑因素，股权激励本身也有提高员工的认同感的作用，但还是难以完全避免员工接受股权激励后离职的情况，那么，给了员工股权激励之后，员工如果离职，这部分股权怎么处理呢？这需要分情况讨论。

第一种情况是员工主动提出离职的，企业可以和员工提前约定把股权收回，价格可以根据双方约定的工作期限以及员工实际工作的年限，按照入股的金额，按比例退还员工的入股本金。如果约定期限内离职的，按比例分摊退还入股本金；如果约定的工作期限届满后离职的，全额返还入股本金。

第二种情况是企业提出协商解约、依法终止劳动关系或员工达不到公司的考核指标被辞退的，公司也可以收回股权，收回的价格可以按照员工入股的价格退还。

很多人可能会问，第一种情况和第二种情况有什么区别？实际上，企业提出协商解约时，对股权的回购价格往往是高于员工主动离职的回购价格的。

第三种情况就是员工严重违反了公司的规章制度，这是比较严重的一种情形，这时候公司就要快刀斩乱麻，人走股留，净身出户。公司可以收回员工的股权且不支付对价。不过，不论是那种情形，员工离职后的退出机制，都要提前在公司章程及股权协议中明文规定，有备无患。

100 被激励员工能否要求确认股东资格？

以案说法（7-1）

2014年，小段入职了一家互联网公司。一年后，因工作表现优异，双方在《股权激励计划书》中约定，小段此后每年拿出年终奖的30%，作为他低价认购股权的出资款，如果小段在该公司连续任职满5年，就可以获得公司5%的股权。5年后，小段升职成为公司骨干，于是便向公司提出希望办理工商登记，成为显名股东，行使股东权利。公司不同意小段变成显名股东，小段便起诉到法院，要求获得股东资格。

那么，获得激励性股权的员工，到底有没有股东身份呢？能否要求公司确认其股东资格呢？

如果股权激励的方式是员工直接持有公司股权，那么，根据《公司法司法解释三》第二十二条的规定："当事人之间对股权归属发生争议，一方请求人民法院确认其享有股权的，应当证明以下事实之一：（一）已经依法向公司出资或者认缴出资，且不违反法律法规强制性规定；（二）已经受让或者以其他形式继受公司股权，且不违反法律法规强制性规定。"也就是说，如果想判断接受股权激励的员工能否符合股东资格，往往通过以下几个因素去认定。

首先，要看他是否实际履行了出资义务。在员工直接持股的情况下，公司一般会设置一个相对较低的股权对价，员工通过支付相应对价获得股权。如果能证明确实履行了出资义务，就说明确实有投资该公司并享有权益的意思表示。

其次，要看员工是否满足了《股权激励计划书》中所设定的取得公司股权的条件。一般情况下，公司在给予员工股权激励时，都会签订《股权激励计划书》。如果《股权激励计划书》的内容不违反国家法律法规，只要员工满足了《股权激励计划书》设定的取得公司股权的条件，就可以要求确认股东资格。

另外，还要看该公司的股东人数是否超出人数限制。根据《公司法》规定，有限责任公司股东人数不能超过五十人，股份有限公司的股东人数不能超过二百人。实践中，很多公司的做法是部分持股员工在市场监管部门办理股权登记，其他持股员工由公司签发股权证或者出资证明，并登记在公司的股东名册上。如果员工被登记在股东名册上，也可以依此对内行使股东权利。但是持股员工的人数超过法定限制时，就没办法将他们都登记为显名股东，员工也无法要求确认股东资格。

不过，现在很多公司在进行股权激励的时候都不会再采取直接授予股权的方式了，而是设立持股平台使员工间接持股，间接持股的情况下，员工不能要求确认股东资格。

另外，越来越多的公司采用虚拟受限股的方式进行股权激励，也就是员工并不是公司的股东，只享有分红权，不享有股东享有的投票权、表决权、参与公司重大决策和选择管理者等权利。其实就是企业从净利润中拿出一部分来分给激励对象，相当于按照股权比例来分红。这种情况下，员工获得的股权是虚拟的，不能主张确认股东资格。

101 员工基于股权激励计划无偿受让公司股权的，是股权赠与吗？

以案说法（7-2）

2013 年 9 月 3 日，林某（转让方）与刘某（受让方）签订《股权转让协议》，就转让 L 公司部分股权事宜达成一致，转让方自愿并无偿将其在 L 公司 1%股权转让给受让方，受让方同意接受该转让的股权。受让方无须就该转让股权向转让方支付任何费用或交付任何等价物。协议约定内容自签订之后即生效。无论转让方因何种原因无法履行协议约定内容或就协议约定内容构成违约。2015 年 6 月，刘某通过电子邮件与 L 公司协商股权变更事宜未果。2016 年 1 月，林某通过其律师向刘某送达了《律师函》，通知刘某因双方签订的《股权转让协议》系赠与协议，其撤销《股权转让协议》。

刘某便向法院提起诉讼，要求履行《股权转让协议》。

那么，员工基于股权激励计划无偿受让公司股权的，是股权赠与吗?

《公司法》对于股权转让是否需支付对价及对价的具体形式也并未做出限制性规定。股权转让合同中的对价既可以是有偿或有形的金钱、实物、知识产权等，也可以是无偿或无形的服务、劳动价值、客户资源等，这样也有利于充分激发市场活力。对于合同中约定无偿转让的，也应结合股权转让双方的协议文本、交易意图、交易背景等因素综合认定合同性质，并不是“无偿转让”就可以直接认定为赠与合同。

股权激励也是一种特殊的股权转让，公司往往通过股权激励计划，由骨干员工免费获得本公司或关联公司股权，股权激励计划的实质是通过给予员工除工资薪酬以外的报酬来推动员工积极性、提高员工的归属感和凝聚力，从而换取员工更好地服务，因此，不应认定为赠与。如果授予员工的股权可以随意撤销或者解除，将与股权激励的初衷背道而驰。

不过，现在很多公司在实行股权激励计划时，不再采用无偿的方式，而是由员工低价购买，甚至可能选择 1 元购买的价格。激励股权的定价可以参考以下几个维度，一是可以参照注册资本。当公司的注册资本金等于或者略小于其净资产时，公司可以选择以注册资本为基准确定公司的基础估值，从而确定股权激励授予的价格。公司注册资本金略小于其净资产时，以注册资本金为基准确定股价可以兼顾现有股东和激励对象的利益，双方都有积极性实施股权激励；二是可以参照公司净资产；三是可以参照净利润；四是参照销售额，这个数据是全体员工都能显而易见的。五是参照资本市场估值，这种方法实际上就是找几家同行业具有可比性的公司进行比较，从而算出本公司股权价值。相对于其他几种方法来说，这种方法更加客观和准确；六是参照原有股东转让价格，如果公司近期有过股东股权的转让，那么可以参照这时股东转让的价格来做参考。

附录：相关法律法规

附录 A 《中华人民共和国公司法》

（1993 年 12 月 29 日第八届全国人民代表大会常务委员会第五次会议通过，根据 1999 年 12 月 25 日第九届全国人民代表大会常务委员会第十三次会议《关于修改〈中华人民共和国公司法〉的决定》第一次修正　根据 2004 年 8 月 28 日第十届全国人民代表大会常务委员会第十一次会议《关于修改〈中华人民共和国公司法〉的决定》第二次修正　2005 年 10 月 27 日第十届全国人民代表大会常务委员会第十八次会议修订　根据 2013 年 12 月 28 日第十二届全国人民代表大会常务委员会第六次会议《关于修改〈中华人民共和国海洋环境保护法〉等七部法律的决定》第三次修正　根据 2018 年 10 月 26 日第十三届全国人民代表大会常务委员会第六次会议《关于修改〈中华人民共和国公司法〉的决定》第四次修正）

第一章　总则

第一条　为了规范公司的组织和行为，保护公司、股东和债权人的合法权益，维护社会经济秩序，促进社会主义市场经济的发展，制定本法。

第二条　本法所称公司是指依照本法在中国境内设立的有限责任公司和股份有限公司。

第三条　公司是企业法人，有独立的法人财产，享有法人财产权。公司以其全部财产对公司的债务承担责任。

有限责任公司的股东以其认缴的出资额为限对公司承担责任；股份有限公司的股东以其认购的股份为限对公司承担责任。

第四条 公司股东依法享有资产收益、参与重大决策和选择管理者等权利。

第五条 公司从事经营活动，必须遵守法律、行政法规，遵守社会公德、商业道德，诚实守信，接受政府和社会公众的监督，承担社会责任。

公司的合法权益受法律保护，不受侵犯。

第六条 设立公司，应当依法向公司登记机关申请设立登记。符合本法规定的设立条件的，由公司登记机关分别登记为有限责任公司或者股份有限公司；不符合本法规定的设立条件的，不得登记为有限责任公司或者股份有限公司。

法律、行政法规规定设立公司必须报经批准的，应当在公司登记前依法办理批准手续。

公众可以向公司登记机关申请查询公司登记事项，公司登记机关应当提供查询服务。

第七条 依法设立的公司，由公司登记机关发给公司营业执照。公司营业执照签发日期为公司成立日期。

公司营业执照应当载明公司的名称、住所、注册资本、经营范围、法定代表人姓名等事项。

公司营业执照记载的事项发生变更的，公司应当依法办理变更登记，由公司登记机关换发营业执照。

第八条 依照本法设立的有限责任公司，必须在公司名称中标明有限责任公司或者有限公司字样。

依照本法设立的股份有限公司，必须在公司名称中标明股份有限公司或者股份公司字样。

第九条 有限责任公司变更为股份有限公司，应当符合本法规定的股份有限公司的条件。股份有限公司变更为有限责任公司，应当符合本法规定的有限责任公司的条件。

有限责任公司变更为股份有限公司的，或者股份有限公司变更为有限责任公司的，公司变更前的债权、债务由变更后的公司承继。

第十条 公司以其主要办事机构所在地为住所。

第十一条 设立公司必须依法制定公司章程。公司章程对公司、股东、董事、监事、高级管理人员具有约束力。

第十二条 公司的经营范围由公司章程规定，并依法登记。公司可以修改公司章程，改变经营范围，但是应当办理变更登记。

公司的经营范围中属于法律、行政法规规定须经批准的项目，应当依法经过批准。

第十三条 公司法定代表人依照公司章程的规定，由董事长、执行董事或者经理担任，并依法登记。公司法定代表人变更，应当办理变更登记。

第十四条 公司可以设立分公司。设立分公司，应当向公司登记机关申请登记，领取营业执照。分公司不具有法人资格，其民事责任由公司承担。

公司可以设立子公司，子公司具有法人资格，依法独立承担民事责任。

第十五条 公司可以向其他企业投资；但是，除法律另有规定外，不得成为对所投资企业的债务承担连带责任的出资人。

第十六条 公司向其他企业投资或者为他人提供担保，依照公司章程的规定，由董事会或者股东会、股东大会决议；公司章程对投资或者担保的总额及单项投资或者担保的数额有限额规定的，不得超过规定的限额。

公司为公司股东或者实际控制人提供担保的，必须经股东会或者股东大会决议。

前款规定的股东或者受前款规定的实际控制人支配的股东，不得参加前款规定事项的表决。该项表决由出席会议的其他股东所持表决权的过半数通过。

第十七条 公司必须保护职工的合法权益，依法与职工签订劳动合同，参加社会保险，加强劳动保护，实现安全生产。

公司应当采用多种形式，加强公司职工的职业教育和岗位培训，提高职工素质。

第十八条 公司职工依照《中华人民共和国工会法》组织工会，开展工会活动，维护职工合法权益。公司应当为本公司工会提供必要的活动条件。公司工会代表职工就职工的劳动报酬、工作时间、福利、保险和劳动安全卫生等事项依法与公司签订集体合同。

公司依照宪法和有关法律的规定，通过职工代表大会或者其他形式，实行民主管理。

公司研究决定改制以及经营方面的重大问题、制定重要的规章制度时，应当听取公司工会的意见，并通过职工代表大会或者其他形式听取职工的意见和建议。

第十九条 在公司中，根据中国共产党章程的规定，设立中国共产党的组织，开展党的活动。公司应当为党组织的活动提供必要条件。

第二十条 公司股东应当遵守法律、行政法规和公司章程，依法行使股东权利，不得滥用股东权利损害公司或者其他股东的利益；不得滥用公司法人独立地位和股东有限责任损害公司债权人的利益。

公司股东滥用股东权利给公司或者其他股东造成损失的，应当依法承担赔偿责任。

公司股东滥用公司法人独立地位和股东有限责任，逃避债务，严重损害公司债权人利益的，应当对公司债务承担连带责任。

第二十一条 公司的控股股东、实际控制人、董事、监事、高级管理人员不得利用其关联关系损害公司利益。

违反前款规定，给公司造成损失的，应当承担赔偿责任。

第二十二条 公司股东会或者股东大会、董事会的决议内容违反法律、行政法规的无效。

股东会或者股东大会、董事会的会议召集程序、表决方式违反法律、行政法规或者公司章程，或者决议内容违反公司章程的，股东可以自决议作出之日起六十日内，请求人民法院撤销。

股东依照前款规定提起诉讼的，人民法院可以应公司的请求，要求股东提供相应担保。

公司根据股东会或者股东大会、董事会决议已办理变更登记的，人民法院宣告该决议无效或者撤销该决议后，公司应当向公司登记机关申请撤销变更登记。

第二章 有限责任公司的设立和组织机构

第一节 设立

第二十三条 设立有限责任公司，应当具备下列条件：

（一）股东符合法定人数；

（二）有符合公司章程规定的全体股东认缴的出资额；

（三）股东共同制定公司章程；

（四）有公司名称，建立符合有限责任公司要求的组织机构；

（五）有公司住所。

第二十四条 有限责任公司由五十个以下股东出资设立。

第二十五条 有限责任公司章程应当载明下列事项：

（一）公司名称和住所；

（二）公司经营范围；

（三）公司注册资本；

（四）股东的姓名或者名称；

（五）股东的出资方式、出资额和出资时间；

（六）公司的机构及其产生办法、职权、议事规则；

（七）公司法定代表人；

（八）股东会会议认为需要规定的其他事项。

股东应当在公司章程上签名、盖章。

第二十六条 有限责任公司的注册资本为在公司登记机关登记的全体股东认缴的出资额。

法律、行政法规以及国务院决定对有限责任公司注册资本实缴、注册资本最低限额另有规定的，从其规定。

第二十七条 股东可以用货币出资，也可以用实物、知识产权、土地使用权等可以用货币估价并可以依法转让的非货币财产作价出资；但是，法律、行政法规规定不得作为出资的财产除外。

对作为出资的非货币财产应当评估作价，核实财产，不得高估或者低估作价。法律、行政法规对评估作价有规定的，从其规定。

第二十八条 股东应当按期足额缴纳公司章程中规定的各自所认缴的出资额。股东以货币出资的，应当将货币出资足额存入有限责任公司在银行开设的账户；以非货币财产出资的，应当依法办理其财产权的转移手续。

股东不按照前款规定缴纳出资的，除应当向公司足额缴纳外，还应当向已按期足额缴纳出资的股东承担违约责任。

第二十九条 股东认足公司章程规定的出资后，由全体股东指定的代表或者共同委托的代理人向公司登记机关报送公司登记申请书、公司章程等文件，申请设立登记。

第三十条 有限责任公司成立后，发现作为设立公司出资的非货币财产的实际价额显著低于公司章程所定价额的，应当由交付该出资的股东补足其差额；公司设立时的其他股东承担连带责任。

第三十一条 有限责任公司成立后，应当向股东签发出资证明书。

出资证明书应当载明下列事项：

（一）公司名称；

（二）公司成立日期；

（三）公司注册资本；

（四）股东的姓名或者名称、缴纳的出资额和出资日期；

（五）出资证明书的编号和核发日期。

出资证明书由公司盖章。

第三十二条 有限责任公司应当置备股东名册，记载下列事项：

（一）股东的姓名或者名称及住所；

（二）股东的出资额；

（三）出资证明书编号。

记载于股东名册的股东，可以依股东名册主张行使股东权利。

公司应当将股东的姓名或者名称向公司登记机关登记；登记事项发生变更的，应当办理变更登记。未经登记或者变更登记的，不得对抗第三人。

第三十三条 股东有权查阅、复制公司章程、股东会会议记录、董事会会议决议、监事会会议决议和财务会计报告。

股东可以要求查阅公司会计账簿。股东要求查阅公司会计账簿的，应当向公司提出书面请求，说明目的。公司有合理根据认为股东查阅会计账簿有不正当目的，可能损害公司合法利益的，可以拒绝提供查阅，并应当自股东提出书面请求之日起十五日内书面答复股东并说明理由。公司拒绝提供查阅的，股东可以请求人民法院要求公司提供查阅。

第三十四条 股东按照实缴的出资比例分取红利；公司新增资本时，股东有权优先按照实缴的出资比例认缴出资。但是，全体股东约定不按照出资比例分取红利或者不按照出资比例优先认缴出资的除外。

第三十五条 公司成立后，股东不得抽逃出资。

第二节 组织机构

第三十六条 有限责任公司股东会由全体股东组成。股东会是公司的权力机构，依照本法行使职权。

第三十七条 股东会行使下列职权：

（一）决定公司的经营方针和投资计划；

（二）选举和更换非由职工代表担任的董事、监事，决定有关董事、监事的报酬事项；

（三）审议批准董事会的报告；

（四）审议批准监事会或者监事的报告；

（五）审议批准公司的年度财务预算方案、决算方案；

（六）审议批准公司的利润分配方案和弥补亏损方案；

（七）对公司增加或者减少注册资本作出决议；

（八）对发行公司债券作出决议；

（九）对公司合并、分立、解散、清算或者变更公司形式作出决议；

（十）修改公司章程；

（十一）公司章程规定的其他职权。

对前款所列事项股东以书面形式一致表示同意的，可以不召开股东会会议，直接作出决定，并由全体股东在决定文件上签名、盖章。

第三十八条 首次股东会会议由出资最多的股东召集和主持，依照本法规定行使职权。

第三十九条 股东会会议分为定期会议和临时会议。

定期会议应当依照公司章程的规定按时召开。代表十分之一以上表决权的股东，三分之一以上的董事，监事会或者不设监事会的公司的监事提议召开临时会议的，应当召开临时会议。

第四十条 有限责任公司设立董事会的，股东会会议由董事会召集，董事长主持；董事长不能履行职务或者不履行职务的，由副董事长主持；副董事长不能履行职务或者不履行职务的，由半数以上董事共同推举一名董事主持。

有限责任公司不设董事会的，股东会会议由执行董事召集和主持。

董事会或者执行董事不能履行或者不履行召集股东会会议职责的，由监事会或者不设监事会的公司的监事召集和主持；监事会或者监事不召集和主持的，代表十分之一以上表决权的股东可以自行召集和主持。

第四十一条 召开股东会会议，应当于会议召开十五日前通知全体股东；但是，公司章程另有规定或者全体股东另有约定的除外。

股东会应当对所议事项的决定作成会议记录，出席会议的股东应当在会议记录上签名。

第四十二条 股东会会议由股东按照出资比例行使表决权；但是，公司章程另有规定的除外。

第四十三条 股东会的议事方式和表决程序，除本法有规定的外，由公司章程规定。

股东会会议作出修改公司章程、增加或者减少注册资本的决议，以及公司合并、分立、解散或者变更公司形式的决议，必须经代表三分之二以上表决权的股东通过。

第四十四条 有限责任公司设董事会，其成员为三人至十三人；但是，本法第五十条另有规定的除外。

两个以上的国有企业或者两个以上的其他国有投资主体投资设立的有限责任公司，其董事会成员中应当有公司职工代表；其他有限责任公司董事会成员中可以有公司职工代表。董事会中的职工代表由公司职工通过职工代表大会、职工大会或者其他形式民主选举产生。

董事会设董事长一人，可以设副董事长。董事长、副董事长的产生办法由公司章程规定。

第四十五条 董事任期由公司章程规定，但每届任期不得超过三年。董事任期届满，连选可以连任。

董事任期届满未及时改选，或者董事在任期内辞职导致董事会成员低于法定人数的，在改选出的董事就任前，原董事仍应当依照法律、行政法规和公司章程的规定，履行董事职务。

第四十六条 董事会对股东会负责，行使下列职权：

（一）召集股东会会议，并向股东会报告工作；

（二）执行股东会的决议；

（三）决定公司的经营计划和投资方案；

（四）制订公司的年度财务预算方案、决算方案；

（五）制订公司的利润分配方案和弥补亏损方案；

（六）制订公司增加或者减少注册资本以及发行公司债券的方案；

（七）制订公司合并、分立、解散或者变更公司形式的方案；

（八）决定公司内部管理机构的设置；

（九）决定聘任或者解聘公司经理及其报酬事项，并根据经理的提名决定聘任或者解聘公司副经理、财务负责人及其报酬事项；

（十）制定公司的基本管理制度；

（十一）公司章程规定的其他职权。

第四十七条 董事会会议由董事长召集和主持；董事长不能履行职务或者不履行职务的，由副董事长召集和主持；副董事长不能履行职务或者不履行职务的，由半数以上董事共同推举一名董事召集和主持。

第四十八条 董事会的议事方式和表决程序，除本法有规定的外，由公司章程规定。

董事会应当对所议事项的决定作成会议记录，出席会议的董事应当在会议记录上签名。

董事会决议的表决，实行一人一票。

第四十九条 有限责任公司可以设经理，由董事会决定聘任或者解聘。经理对董事会负责，行使下列职权：

（一）主持公司的生产经营管理工作，组织实施董事会决议；

（二）组织实施公司年度经营计划和投资方案；

（三）拟订公司内部管理机构设置方案；

（四）拟订公司的基本管理制度；

（五）制定公司的具体规章；

（六）提请聘任或者解聘公司副经理、财务负责人；

（七）决定聘任或者解聘除应由董事会决定聘任或者解聘以外的负责管理人员；

（八）董事会授予的其他职权。

公司章程对经理职权另有规定的，从其规定。

经理列席董事会会议。

第五十条 股东人数较少或者规模较小的有限责任公司，可以设一名执行董事，不设董事会。执行董事可以兼任公司经理。

执行董事的职权由公司章程规定。

第五十一条 有限责任公司设监事会，其成员不得少于三人。股东人数较少或者规模较小的有限责任公司，可以设一至二名监事，不设监事会。

监事会应当包括股东代表和适当比例的公司职工代表，其中职工代表的比例不得低于三分之一，具体比例由公司章程规定。监事会中的职工代表由公司职工通过职工代表大会、职工大会或者其他形式民主选举产生。

监事会设主席一人，由全体监事过半数选举产生。监事会主席召集和主持监事会会议；监事会主席不能履行职务或者不履行职务的，由半数以上监事共同推举一名监事召集和主持监事会会议。

董事、高级管理人员不得兼任监事。

第五十二条 监事的任期每届为三年。监事任期届满，连选可以连任。

监事任期届满未及时改选，或者监事在任期内辞职导致监事会成员低于法定人数的，在改选出的监事就任前，原监事仍应当依照法律、行政法规和公司章程的规定，履行监事职务。

第五十三条 监事会、不设监事会的公司的监事行使下列职权：

（一）检查公司财务；

（二）对董事、高级管理人员执行公司职务的行为进行监督，对违反法律、行政法规、公司章程或者股东会决议的董事、高级管理人员提出罢免的建议；

（三）当董事、高级管理人员的行为损害公司的利益时，要求董事、高级管理人员予以纠正；

（四）提议召开临时股东会会议，在董事会不履行本法规定的召集和主持股东会会议职责时召集和主持股东会会议；

（五）向股东会会议提出提案；

（六）依照本法第一百五十一条的规定，对董事、高级管理人员提起诉讼；

（七）公司章程规定的其他职权。

第五十四条 监事可以列席董事会会议，并对董事会决议事项提出质询或者建议。

监事会、不设监事会的公司的监事发现公司经营情况异常，可以进行调查；必要时，可以聘请会计师事务所等协助其工作，费用由公司承担。

第五十五条 监事会每年度至少召开一次会议，监事可以提议召开临时监事会会议。

监事会的议事方式和表决程序，除本法有规定的外，由公司章程规定。

监事会决议应当经半数以上监事通过。

监事会应当对所议事项的决定作成会议记录，出席会议的监事应当在会议记录上签名。

第五十六条 监事会、不设监事会的公司的监事行使职权所必需的费用，由公司承担。

第三节 一人有限责任公司的特别规定

第五十七条 一人有限责任公司的设立和组织机构，适用本节规定；本节没有规定的，适用本章第一节、第二节的规定。

本法所称一人有限责任公司，是指只有一个自然人股东或者一个法人股东的有限责任公司。

第五十八条 一个自然人只能投资设立一个一人有限责任公司。该一人有限责任公司不能投资设立新的一人有限责任公司。

第五十九条 一人有限责任公司应当在公司登记中注明自然人独资或者法人独资，并在公司营业执照中载明。

第六十条 一人有限责任公司章程由股东制定。

第六十一条 一人有限责任公司不设股东会。股东作出本法第三十七条第一款所列决定时，应当采用书面形式，并由股东签名后置备于公司。

第六十二条 一人有限责任公司应当在每一会计年度终了时编制财务会计报告，并经会计师事务所审计。

第六十三条 一人有限责任公司的股东不能证明公司财产独立于股东自己的财产的，应当对公司债务承担连带责任。

第四节 国有独资公司的特别规定

第六十四条 国有独资公司的设立和组织机构，适用本节规定；本节没有规定的，适用本章第一节、第二节的规定。

本法所称国有独资公司，是指国家单独出资、由国务院或者地方人民政府授权本级人民政府国有资产监督管理机构履行出资人职责的有限责任公司。

第六十五条 国有独资公司章程由国有资产监督管理机构制定，或者由董事会制订报国有资产监督管理机构批准。

第六十六条 国有独资公司不设股东会，由国有资产监督管理机构行使股东会职权。国有资产监督管理机构可以授权公司董事会行使股东会的部分职权，决定公司的重大事项，但公司的合并、分立、解散、增加或者减少注册资本和发行公司债券，必须由国有资产监督管理机构决定；其中，重要的国有独资公司合并、分立、解散、申请破产的，应当由国有资产监督管理机构审核后，报本级人民政府批准。

前款所称重要的国有独资公司，按照国务院的规定确定。

第六十七条 国有独资公司设董事会，依照本法第四十六条、第六十六条的规定行使职权。董事每届任期不得超过三年。董事会成员中应当有公司职工代表。

董事会成员由国有资产监督管理机构委派；但是，董事会成员中的职工代表由公司职工代表大会选举产生。

董事会设董事长一人，可以设副董事长。董事长、副董事长由国有资产监督管理机构从董事会成员中指定。

第六十八条 国有独资公司设经理，由董事会聘任或者解聘。经理依照本法第四十九条规定行使职权。

经国有资产监督管理机构同意，董事会成员可以兼任经理。

第六十九条 国有独资公司的董事长、副董事长、董事、高级管理人员，未经国有资产监督管理机构同意，不得在其他有限责任公司、股份有限公司或者其他经济组织兼职。

第七十条 国有独资公司监事会成员不得少于五人，其中职工代表的比例不得低于三分之一，具体比例由公司章程规定。

监事会成员由国有资产监督管理机构委派；但是，监事会成员中的职工代表由公司职工代表大会选举产生。监事会主席由国有资产监督管理机构从监事会成员中指定。

监事会行使本法第五十三条第（一）项至第（三）项规定的职权和国务院规定的其他职权。

第三章 有限责任公司的股权转让

第七十一条 有限责任公司的股东之间可以相互转让其全部或者部分股权。

股东向股东以外的人转让股权，应当经其他股东过半数同意。股东应就其股权转让事项书面通知其他股东征求同意，其他股东自接到书面通知之日起满三十日未答复的，视为同意转让。其他股东半数以上不同意转让的，不同意的股东应当购买该转让的股权；不购买的，视为同意转让。

经股东同意转让的股权，在同等条件下，其他股东有优先购买权。两个以上股东主张行使优先购买权的，协商确定各自的购买比例；协商不成的，按照转让时各自的出资比例行使优先购买权。

公司章程对股权转让另有规定的，从其规定。

第七十二条　人民法院依照法律规定的强制执行程序转让股东的股权时，应当通知公司及全体股东，其他股东在同等条件下有优先购买权。其他股东自人民法院通知之日起满二十日不行使优先购买权的，视为放弃优先购买权。

第七十三条　依照本法第七十一条、第七十二条转让股权后，公司应当注销原股东的出资证明书，向新股东签发出资证明书，并相应修改公司章程和股东名册中有关股东及其出资额的记载。对公司章程的该项修改不需再由股东会表决。

第七十四条　有下列情形之一的，对股东会该项决议投反对票的股东可以请求公司按照合理的价格收购其股权：

（一）公司连续五年不向股东分配利润，而公司该五年连续盈利，并且符合本法规定的分配利润条件的；

（二）公司合并、分立、转让主要财产的；

（三）公司章程规定的营业期限届满或者章程规定的其他解散事由出现，股东会会议通过决议修改章程使公司存续的。

自股东会会议决议通过之日起六十日内，股东与公司不能达成股权收购协议的，股东可以自股东会会议决议通过之日起九十日内向人民法院提起诉讼。

第七十五条　自然人股东死亡后，其合法继承人可以继承股东资格；但是，公司章程另有规定的除外。

第四章　股份有限公司的设立和组织机构

第一节　设立

第七十六条　设立股份有限公司，应当具备下列条件：

（一）发起人符合法定人数；

（二）有符合公司章程规定的全体发起人认购的股本总额或者募集的实收股本总额；

（三）股份发行、筹办事项符合法律规定；

（四）发起人制订公司章程，采用募集方式设立的经创立大会通过；

（五）有公司名称，建立符合股份有限公司要求的组织机构；

（六）有公司住所。

第七十七条　股份有限公司的设立，可以采取发起设立或者募集设立的方式。

发起设立，是指由发起人认购公司应发行的全部股份而设立公司。

募集设立，是指由发起人认购公司应发行股份的一部分，其余股份向社会公开募集或者向特定对象募集而设立公司。

第七十八条　设立股份有限公司，应当有二人以上二百人以下为发起人，其中须有半数以上的发起人在中国境内有住所。

第七十九条　股份有限公司发起人承担公司筹办事务。

发起人应当签订发起人协议，明确各自在公司设立过程中的权利和义务。

第八十条　股份有限公司采取发起设立方式设立的，注册资本为在公司登记机关登记的全体发起人认购的股本总额。在发起人认购的股份缴足前，不得向他人募集股份。

股份有限公司采取募集方式设立的，注册资本为在公司登记机关登记的实收股本总额。

法律、行政法规以及国务院决定对股份有限公司注册资本实缴、注册资本最低限额另有规定的，从其规定。

第八十一条 股份有限公司章程应当载明下列事项：

（一）公司名称和住所；

（二）公司经营范围；

（三）公司设立方式；

（四）公司股份总数、每股金额和注册资本；

（五）发起人的姓名或者名称、认购的股份数、出资方式和出资时间；

（六）董事会的组成、职权和议事规则；

（七）公司法定代表人；

（八）监事会的组成、职权和议事规则；

（九）公司利润分配办法；

（十）公司的解散事由与清算办法；

（十一）公司的通知和公告办法；

（十二）股东大会会议认为需要规定的其他事项。

第八十二条 发起人的出资方式，适用本法第二十七条的规定。

第八十三条 以发起设立方式设立股份有限公司的，发起人应当书面认足公司章程规定其认购的股份，并按照公司章程规定缴纳出资。以非货币财产出资的，应当依法办理其财产权的转移手续。

发起人不依照前款规定缴纳出资的，应当按照发起人协议承担违约责任。

发起人认足公司章程规定的出资后，应当选举董事会和监事会，由董事会向公司登记机关报送公司章程以及法律、行政法规规定的其他文件，申请设立登记。

第八十四条 以募集设立方式设立股份有限公司的，发起人认购的股份不得少于公司股份总数的百分之三十五；但是，法律、行政法规另有规定的，从其规定。

第八十五条 发起人向社会公开募集股份，必须公告招股说明书，并制作认股书。认股书应当载明本法第八十六条所列事项，由认股人填写认购股数、金额、住所，并签名、盖章。认股人按照所认购股数缴纳股款。

第八十六条 招股说明书应当附有发起人制订的公司章程，并载明下列事项：

（一）发起人认购的股份数；

（二）每股的票面金额和发行价格；

（三）无记名股票的发行总数；

（四）募集资金的用途；

（五）认股人的权利、义务；

（六）本次募股的起止期限及逾期未募足时认股人可以撤回所认股份的说明。

第八十七条 发起人向社会公开募集股份，应当由依法设立的证券公司承销，签订承销协议。

第八十八条 发起人向社会公开募集股份，应当同银行签订代收股款协议。

代收股款的银行应当按照协议代收和保存股款，向缴纳股款的认股人出具收款单据，并负有向有关部门出具收款证明的义务。

第八十九条 发行股份的股款缴足后，必须经依法设立的验资机构验资并出具证明。发起人应当自股款缴足之日起三十日内主持召开公司创立大会。创立大会由发起人、认股人组成。

发行的股份超过招股说明书规定的截止期限尚未募足的，或者发行股份的股款缴足后，发起人在三十日内未召开创立大会的，认股人可以按照所缴股款并加算银行同期存款利息，要求发起人返还。

第九十条 发起人应当在创立大会召开十五日前将会议日期通知各认股人或者予以公告。创立大会应有代表股份总数过半数的发起人、认股人出席，方可举行。

创立大会行使下列职权：

（一）审议发起人关于公司筹办情况的报告；

（二）通过公司章程；

（三）选举董事会成员；

（四）选举监事会成员；

（五）对公司的设立费用进行审核；

（六）对发起人用于抵作股款的财产的作价进行审核；

（七）发生不可抗力或者经营条件发生重大变化直接影响公司设立的，可以作出不设立公司的决议。

创立大会对前款所列事项作出决议，必须经出席会议的认股人所持表决权过半数通过。

第九十一条 发起人、认股人缴纳股款或者交付抵作股款的出资后，除未按期募足股份、发起人未按期召开创立大会或者创立大会决议不设立公司的情形外，不得抽回其股本。

第九十二条 董事会应于创立大会结束后三十日内，向公司登记机关报送下列文件，申请设立登记：

（一）公司登记申请书；

（二）创立大会的会议记录；

（三）公司章程；

（四）验资证明；

（五）法定代表人、董事、监事的任职文件及其身份证明；

（六）发起人的法人资格证明或者自然人身份证明；

（七）公司住所证明。

以募集方式设立股份有限公司公开发行股票的，还应当向公司登记机关报送国务院证券监督管理机构的核准文件。

第九十三条 股份有限公司成立后，发起人未按照公司章程的规定缴足出资的，应当补缴；其他发起人承担连带责任。

股份有限公司成立后，发现作为设立公司出资的非货币财产的实际价额显著低于公司章程所定价额的，应当由交付该出资的发起人补足其差额；其他发起人承担连带责任。

第九十四条 股份有限公司的发起人应当承担下列责任：

（一）公司不能成立时，对设立行为所产生的债务和费用负连带责任；

（二）公司不能成立时，对认股人已缴纳的股款，负返还股款并加算银行同期存款利息的连带责任；

（三）在公司设立过程中，由于发起人的过失致使公司利益受到损害的，应当对公司承担赔偿责任。

第九十五条 有限责任公司变更为股份有限公司时，折合的实收股本总额不得高于公司净资产额。有限责任公司变更为股份有限公司，为增加资本公开发行股份时，应当依法办理。

第九十六条 股份有限公司应当将公司章程、股东名册、公司债券存根、股东大会会议记录、董事会会议记录、监事会会议记录、财务会计报告置备于本公司。

第九十七条 股东有权查阅公司章程、股东名册、公司债券存根、股东大会会议记录、董事会会议决议、监事会会议决议、财务会计报告，对公司的经营提出建议或者质询。

第二节　股东大会

第九十八条　股份有限公司股东大会由全体股东组成。股东大会是公司的权力机构，依照本法行使职权。

第九十九条　本法第三十七条第一款关于有限责任公司股东会职权的规定，适用于股份有限公司股东大会。

第一百条　股东大会应当每年召开一次年会。有下列情形之一的，应当在两个月内召开临时股东大会：

（一）董事人数不足本法规定人数或者公司章程所定人数的三分之二时；

（二）公司未弥补的亏损达实收股本总额三分之一时；

（三）单独或者合计持有公司百分之十以上股份的股东请求时；

（四）董事会认为必要时；

（五）监事会提议召开时；

（六）公司章程规定的其他情形。

第一百零一条　股东大会会议由董事会召集，董事长主持；董事长不能履行职务或者不履行职务的，由副董事长主持；副董事长不能履行职务或者不履行职务的，由半数以上董事共同推举一名董事主持。

董事会不能履行或者不履行召集股东大会会议职责的，监事会应当及时召集和主持；监事会不召集和主持的，连续九十日以上单独或者合计持有公司百分之十以上股份的股东可以自行召集和主持。

第一百零二条　召开股东大会会议，应当将会议召开的时间、地点和审议的事项于会议召开二十日前通知各股东；临时股东大会应当于会议召开十五日前通知各股东；发行无记名股票的，应当于会议召开三十日前公告会议召开的时间、地点和审议事项。

单独或者合计持有公司百分之三以上股份的股东，可以在股东大会召开十日前提出临时提案并书面提交董事会；董事会应当在收到提案后二日内通知其他股东，并将该临时提案提交股东大会审议。临时提案的内容应当属于股东大会职权范围，并有明确议题和具体决议事项。

股东大会不得对前两款通知中未列明的事项作出决议。

无记名股票持有人出席股东大会会议的，应当于会议召开五日前至股东大会闭会时将股票交存于公司。

第一百零三条 股东出席股东大会会议，所持每一股份有一表决权。但是，公司持有的本公司股份没有表决权。

股东大会作出决议，必须经出席会议的股东所持表决权过半数通过。但是，股东大会作出修改公司章程、增加或者减少注册资本的决议，以及公司合并、分立、解散或者变更公司形式的决议，必须经出席会议的股东所持表决权的三分之二以上通过。

第一百零四条 本法和公司章程规定公司转让、受让重大资产或者对外提供担保等事项必须经股东大会作出决议的，董事会应当及时召集股东大会会议，由股东大会就上述事项进行表决。

第一百零五条 股东大会选举董事、监事，可以依照公司章程的规定或者股东大会的决议，实行累积投票制。

本法所称累积投票制，是指股东大会选举董事或者监事时，每一股份拥有与应选董事或者监事人数相同的表决权，股东拥有的表决权可以集中使用。

第一百零六条 股东可以委托代理人出席股东大会会议，代理人应当向公司提交股东授权委托书，并在授权范围内行使表决权。

第一百零七条 股东大会应当对所议事项的决定作成会议记录，主持人、出席会议的董事应当在会议记录上签名。会议记录应当与出席股东的签名册及代理出席的委托书一并保存。

第三节 董事会、经理

第一百零八条 股份有限公司设董事会，其成员为五人至十九人。

董事会成员中可以有公司职工代表。董事会中的职工代表由公司职工通过职工代表大会、职工大会或者其他形式民主选举产生。

本法第四十五条关于有限责任公司董事任期的规定，适用于股份有限公司董事。

本法第四十六条关于有限责任公司董事会职权的规定，适用于股份有限公司董事会。

第一百零九条 董事会设董事长一人，可以设副董事长。董事长和副董事长由董事会以全体董事的过半数选举产生。

董事长召集和主持董事会会议，检查董事会决议的实施情况。副董事长协助董事长工作，董事长不能履行职务或者不履行职务的，由副董事长履行职务；副董事长不能履行职务或者不履行职务的，由半数以上董事共同推举一名董事履行职务。

第一百一十条 董事会每年度至少召开两次会议，每次会议应当于会议召开十日前通知全体董事和监事。

代表十分之一以上表决权的股东、三分之一以上董事或者监事会，可以提议召开董事会临时会议。董事长应当自接到提议后十日内，召集和主持董事会会议。

董事会召开临时会议，可以另定召集董事会的通知方式和通知时限。

第一百一十一条 董事会会议应有过半数的董事出席方可举行。董事会作出决议，必须经全体董事的过半数通过。

董事会决议的表决，实行一人一票。

第一百一十二条 董事会会议，应由董事本人出席；董事因故不能出席，可以书面委托其他董事代为出席，委托书中应载明授权范围。

董事会应当对会议所议事项的决定作成会议记录，出席会议的董事应当在会议记录上签名。

董事应当对董事会的决议承担责任。董事会的决议违反法律、行政法规或者公司章程、股东大会决议，致使公司遭受严重损失的，参与决议的董事对公司负赔偿责任。但经证明在表决时曾表明异议并记载于会议记录的，该董事可以免除责任。

第一百一十三条 股份有限公司设经理，由董事会决定聘任或者解聘。

本法第四十九条关于有限责任公司经理职权的规定，适用于股份有限公司经理。

第一百一十四条 公司董事会可以决定由董事会成员兼任经理。

第一百一十五条 公司不得直接或者通过子公司向董事、监事、高级管理人员提供借款。

第一百一十六条 公司应当定期向股东披露董事、监事、高级管理人员从公司获得报酬的情况。

第四节 监事会

第一百一十七条 股份有限公司设监事会，其成员不得少于三人。

监事会应当包括股东代表和适当比例的公司职工代表，其中职工代表的比例不得低于三分之一，具体比例由公司章程规定。监事会中的职工代表由公司职工通过职工代表大会、职工大会或者其他形式民主选举产生。

监事会设主席一人，可以设副主席。监事会主席和副主席由全体监事过半数选举产生。监事会主席召集和主持监事会会议；监事会主席不能履行职务或者不履行职务的，由监事会副主席召集和主持监事会会议；监事会副主席不能履行职务或者不履行职务的，由半数以上监事共同推举一名监事召集和主持监事会会议。

董事、高级管理人员不得兼任监事。

本法第五十二条关于有限责任公司监事任期的规定，适用于股份有限公司监事。

第一百一十八条 本法第五十三条、第五十四条关于有限责任公司监事会职权的规定，适用于股份有限公司监事会。

监事会行使职权所必需的费用，由公司承担。

第一百一十九条 监事会每六个月至少召开一次会议。监事可以提议召开临时监事会会议。

监事会的议事方式和表决程序，除本法有规定的外，由公司章程规定。

监事会决议应当经半数以上监事通过。

监事会应当对所议事项的决定作成会议记录，出席会议的监事应当在会议记录上签名。

第五节 上市公司组织机构的特别规定

第一百二十条 本法所称上市公司，是指其股票在证券交易所上市交易的股份有限公司。

第一百二十一条 上市公司在一年内购买、出售重大资产或者担保金额超过公司资产总额百分之三十的，应当由股东大会作出决议，并经出席会议的股东所持表决权的三分之二以上通过。

第一百二十二条 上市公司设独立董事，具体办法由国务院规定。

第一百二十三条 上市公司设董事会秘书，负责公司股东大会和董事会会议的筹备、文件保管以及公司股东资料的管理，办理信息披露事务等事宜。

第一百二十四条 上市公司董事与董事会会议决议事项所涉及的企业有关联关系的，不得对该项决议行使表决权，也不得代理其他董事行使表决权。该董事会会议由过半数的无关联关系董事出席即可举行，董事会会议所作决议须经无关联关系董事过半数通过。出席董事会的无关联关系董事人数不足三人的，应将该事项提交上市公司股东大会审议。

第五章 股份有限公司的股份发行和转让

第一节 股份发行

第一百二十五条 股份有限公司的资本划分为股份，每一股的金额相等。

公司的股份采取股票的形式。股票是公司签发的证明股东所持股份的凭证。

第一百二十六条 股份的发行，实行公平、公正的原则，同种类的每一股份应当具有同等权利。

同次发行的同种类股票，每股的发行条件和价格应当相同；任何单位或者个人所认购的股份，每股应当支付相同价额。

第一百二十七条 股票发行价格可以按票面金额，也可以超过票面金额，但不得低于票面金额。

第一百二十八条 股票采用纸面形式或者国务院证券监督管理机构规定的其他形式。

股票应当载明下列主要事项：

（一）公司名称；

（二）公司成立日期；

（三）股票种类、票面金额及代表的股份数；

（四）股票的编号。

股票由法定代表人签名，公司盖章。

发起人的股票，应当标明发起人股票字样。

第一百二十九条 公司发行的股票，可以为记名股票，也可以为无记名股票。

公司向发起人、法人发行的股票，应当为记名股票，并应当记载该发起人、法人的名称或者姓名，不得另立户名或者以代表人姓名记名。

第一百三十条 公司发行记名股票的，应当置备股东名册，记载下列事项：

（一）股东的姓名或者名称及住所；

（二）各股东所持股份数；

（三）各股东所持股票的编号；

（四）各股东取得股份的日期。

发行无记名股票的，公司应当记载其股票数量、编号及发行日期。

第一百三十一条 国务院可以对公司发行本法规定以外的其他种类的股份，另行作出规定。

第一百三十二条 股份有限公司成立后，即向股东正式交付股票。公司成立前不得向股东交付股票。

第一百三十三条 公司发行新股，股东大会应当对下列事项作出决议：

（一）新股种类及数额；

（二）新股发行价格；

（三）新股发行的起止日期；

（四）向原有股东发行新股的种类及数额。

第一百三十四条 公司经国务院证券监督管理机构核准公开发行新股时，必须公告新股招股说明书和财务会计报告，并制作认股书。

本法第八十七条、第八十八条的规定适用于公司公开发行新股。

第一百三十五条 公司发行新股，可以根据公司经营情况和财务状况，确定其作价方案。

第一百三十六条 公司发行新股募足股款后，必须向公司登记机关办理变更登记，并公告。

第二节 股份转让

第一百三十七条 股东持有的股份可以依法转让。

第一百三十八条 股东转让其股份，应当在依法设立的证券交易场所进行或者按照国务院规定的其他方式进行。

第一百三十九条 记名股票，由股东以背书方式或者法律、行政法规规定的其他方式转让；转让后由公司将受让人的姓名或者名称及住所记载于股东名册。

股东大会召开前二十日内或者公司决定分配股利的基准日前五日内，不得进行前款规定的股东名册的变更登记。但是，法律对上市公司股东名册变更登记另有规定的，从其规定。

第一百四十条 无记名股票的转让，由股东将该股票交付给受让人后即发生转让的效力。

第一百四十一条 发起人持有的本公司股份，自公司成立之日起一年内不得转让。公司公开发行股份前已发行的股份，自公司股票在证券交易所上市交易之日起一年内不得转让。

公司董事、监事、高级管理人员应当向公司申报所持有的本公司的股份及其变动情况，在任职期间每年转让的股份不得超过其所持有本公司股份总数的百分之二十五；所持本公司股份自公司股票上市交易之日起一年内不得转让。

上述人员离职后半年内，不得转让其所持有的本公司股份。公司章程可以对公司董事、监事、高级管理人员转让其所持有的本公司股份作出其他限制性规定。

第一百四十二条 公司不得收购本公司股份。但是，有下列情形之一的除外：

（一）减少公司注册资本；

（二）与持有本公司股份的其他公司合并；

（三）将股份用于员工持股计划或者股权激励；

（四）股东因对股东大会作出的公司合并、分立决议持异议，要求公司收购其股份；

（五）将股份用于转换上市公司发行的可转换为股票的公司债券；

（六）上市公司为维护公司价值及股东权益所必需。

公司因前款第（一）项、第（二）项规定的情形收购本公司股份的，应当经股东大会决议；公司因前款第（三）项、第（五）项、第（六）项规定的情形收购本公司股份的，可以依照公司章程的规定或者股东大会的授权，经三分之二以上董事出席的董事会会议决议。

公司依照本条第一款规定收购本公司股份后，属于第（一）项情形的，应当自收购之日起十日内注销；属于第（二）项、第（四）项情形的，应当在六个月内转让或者注销；属于第（三）项、第（五）项、第（六）项情形的，公司合计持有的本公司股份数不得超过本公司已发行股份总额的百分之十，并应当在三年内转让或者注销。

上市公司收购本公司股份的，应当依照《中华人民共和国证券法》的规定履行信息披露义务。上市公司因本条第一款第（三）项、第（五）项、第（六）项规定的情形收购本公司股份的，应当通过公开的集中交易方式进行。

公司不得接受本公司的股票作为质押权的标的。

第一百四十三条 记名股票被盗、遗失或者灭失，股东可以依照《中华人民共和国民事诉讼法》规定的公示催告程序，请求人民法院宣告该股票失效。人民法院宣告该股票失效后，股东可以向公司申请补发股票。

第一百四十四条 上市公司的股票，依照有关法律、行政法规及证券交易所交易规则上市交易。

第一百四十五条 上市公司必须依照法律、行政法规的规定，公开其财务状况、经营情况及重大诉讼，在每会计年度内半年公布一次财务会计报告。

第六章 公司董事、监事、高级管理人员的资格和义务

第一百四十六条 有下列情形之一的，不得担任公司的董事、监事、高级管理人员：

（一）无民事行为能力或者限制民事行为能力；

（二）因贪污、贿赂、侵占财产、挪用财产或者破坏社会主义市场经济秩序，被判处刑罚，执行期满未逾五年，或者因犯罪被剥夺政治权利，执行期满未逾五年；

（三）担任破产清算的公司、企业的董事或者厂长、经理，对该公司、企业的破产负有个人责任的，自该公司、企业破产清算完结之日起未逾三年；

（四）担任因违法被吊销营业执照、责令关闭的公司、企业的法定代表人，并负有个人责任的，自该公司、企业被吊销营业执照之日起未逾三年；

（五）个人所负数额较大的债务到期未清偿。

公司违反前款规定选举、委派董事、监事或者聘任高级管理人员的，该选举、委派或者聘任无效。

董事、监事、高级管理人员在任职期间出现本条第一款所列情形的，公司应当解除其职务。

第一百四十七条 董事、监事、高级管理人员应当遵守法律、行政法规和公司章程，对公司负有忠实义务和勤勉义务。

董事、监事、高级管理人员不得利用职权收受贿赂或者其他非法收入，不得侵占公司的财产。

第一百四十八条 董事、高级管理人员不得有下列行为：

（一）挪用公司资金；

（二）将公司资金以其个人名义或者以其他个人名义开立账户存储；

（三）违反公司章程的规定，未经股东会、股东大会或者董事会同意，将公司资金借贷给他人或者以公司财产为他人提供担保；

（四）违反公司章程的规定或者未经股东会、股东大会同意，与本公司订立合同或者进行交易；

（五）未经股东会或者股东大会同意，利用职务便利为自己或者他人谋取属于公司的商业机会，自营或者为他人经营与所任职公司同类的业务；

（六）接受他人与公司交易的佣金归为己有；

（七）擅自披露公司秘密；

（八）违反对公司忠实义务的其他行为。

董事、高级管理人员违反前款规定所得的收入应当归公司所有。

第一百四十九条 董事、监事、高级管理人员执行公司职务时违反法律、行政法规或者公司章程的规定，给公司造成损失的，应当承担赔偿责任。

第一百五十条 股东会或者股东大会要求董事、监事、高级管理人员列席会议的，董事、监事、高级管理人员应当列席并接受股东的质询。

董事、高级管理人员应当如实向监事会或者不设监事会的有限责任公司的监事提供有关情况和资料，不得妨碍监事会或者监事行使职权。

第一百五十一条 董事、高级管理人员有本法第一百四十九条规定的情形的，有限责任公司的股东、股份有限公司连续一百八十日以上单独或者合计持有公司百分之一以上股份的股东，可以书面请求监事会或者不设监事会的有限责任公司的监事向人民法院提起诉讼；监事有本法第一百四十九条规定的情形的，前述股东可以书面请求董事会或者不设董事会的有限责任公司的执行董事向人民法院提起诉讼。

监事会、不设监事会的有限责任公司的监事，或者董事会、执行董事收到前款规定的股东书面请求后拒绝提起诉讼，或者自收到请求之日起三十日内未提起诉讼，或者情况紧急、不立即提起诉讼将会使公司利益受到难以弥补的损害的，前款规定的股东有权为了公司的利益以自己的名义直接向人民法院提起诉讼。

他人侵犯公司合法权益，给公司造成损失的，本条第一款规定的股东可以依照前两款的规定向人民法院提起诉讼。

第一百五十二条 董事、高级管理人员违反法律、行政法规或者公司章程的规定，损害股东利益的，股东可以向人民法院提起诉讼。

第七章 公司债券

第一百五十三条 本法所称公司债券，是指公司依照法定程序发行、约定在一定期限还本付息的有价证券。

公司发行公司债券应当符合《中华人民共和国证券法》规定的发行条件。

第一百五十四条 发行公司债券的申请经国务院授权的部门核准后，应当公告公司债券募集办法。

公司债券募集办法中应当载明下列主要事项：

（一）公司名称；

（二）债券募集资金的用途；

（三）债券总额和债券的票面金额；

（四）债券利率的确定方式；

（五）还本付息的期限和方式；

（六）债券担保情况；

（七）债券的发行价格、发行的起止日期；

（八）公司净资产额；

（九）已发行的尚未到期的公司债券总额；

（十）公司债券的承销机构。

第一百五十五条 公司以实物券方式发行公司债券的，必须在债券上载明公司名称、债券票面金额、利率、偿还期限等事项，并由法定代表人签名，公司盖章。

第一百五十六条 公司债券，可以为记名债券，也可以为无记名债券。

第一百五十七条 公司发行公司债券应当置备公司债券存根簿。

发行记名公司债券的，应当在公司债券存根簿上载明下列事项：

（一）债券持有人的姓名或者名称及住所；

（二）债券持有人取得债券的日期及债券的编号；

（三）债券总额，债券的票面金额、利率、还本付息的期限和方式；

（四）债券的发行日期。

发行无记名公司债券的，应当在公司债券存根簿上载明债券总额、利率、偿还期限和方式、发行日期及债券的编号。

第一百五十八条 记名公司债券的登记结算机构应当建立债券登记、存管、付息、兑付等相关制度。

第一百五十九条 公司债券可以转让，转让价格由转让人与受让人约定。

公司债券在证券交易所上市交易的，按照证券交易所的交易规则转让。

第一百六十条 记名公司债券，由债券持有人以背书方式或者法律、行政法规规定的其他方式转让；转让后由公司将受让人的姓名或者名称及住所记载于公司债券存根簿。

无记名公司债券的转让，由债券持有人将该债券交付给受让人后即发生转让的效力。

第一百六十一条 上市公司经股东大会决议可以发行可转换为股票的公司债券，并在公司债券募集办法中规定具体的转换办法。上市公司发行可转换为股票的公司债券，应当报国务院证券监督管理机构核准。

发行可转换为股票的公司债券，应当在债券上标明可转换公司债券字样，并在公司债券存根簿上载明可转换公司债券的数额。

第一百六十二条 发行可转换为股票的公司债券的，公司应当按照其转换办法向债券持有人换发股票，但债券持有人对转换股票或者不转换股票有选择权。

第八章 公司财务、会计

第一百六十三条 公司应当依照法律、行政法规和国务院财政部门的规定建立本公司的财务、会计制度。

第一百六十四条 公司应当在每一会计年度终了时编制财务会计报告，并依法经会计师事务所审计。

财务会计报告应当依照法律、行政法规和国务院财政部门的规定制作。

第一百六十五条 有限责任公司应当依照公司章程规定的期限将财务会计报告送交各股东。

股份有限公司的财务会计报告应当在召开股东大会年会的二十日前置备于本公司，供股东查阅；公开发行股票的股份有限公司必须公告其财务会计报告。

第一百六十六条 公司分配当年税后利润时，应当提取利润的百分之十列入公司法定公积金。公司法定公积金累计额为公司注册资本的百分之五十以上的，可以不再提取。

公司的法定公积金不足以弥补以前年度亏损的，在依照前款规定提取法定公积金之前，应当先用当年利润弥补亏损。

公司从税后利润中提取法定公积金后，经股东会或者股东大会决议，还可以从税后利润中提取任意公积金。

公司弥补亏损和提取公积金后所余税后利润，有限责任公司依照本法第三十四条的规定分配；股份有限公司按照股东持有的股份比例分配，但股份有限公司章程规定不按持股比例分配的除外。

股东会、股东大会或者董事会违反前款规定，在公司弥补亏损和提取法定公积金之前向股东分配利润的，股东必须将违反规定分配的利润退还公司。

公司持有的本公司股份不得分配利润。

第一百六十七条 股份有限公司以超过股票票面金额的发行价格发行股份所得的溢价款以及国务院财政部门规定列入资本公积金的其他收入，应当列为公司资本公积金。

第一百六十八条 公司的公积金用于弥补公司的亏损、扩大公司生产经营或者转为增加公司资本。但是，资本公积金不得用于弥补公司的亏损。

法定公积金转为资本时，所留存的该项公积金不得少于转增前公司注册资本的百分之二十五。

第一百六十九条 公司聘用、解聘承办公司审计业务的会计师事务所，依照公司章程的规定，由股东会、股东大会或者董事会决定。

公司股东会、股东大会或者董事会就解聘会计师事务所进行表决时，应当允许会计师事务所陈述意见。

第一百七十条 公司应当向聘用的会计师事务所提供真实、完整的会计凭证、会计账簿、财务会计报告及其他会计资料，不得拒绝、隐匿、谎报。

第一百七十一条 公司除法定的会计账簿外，不得另立会计账簿。

对公司资产，不得以任何个人名义开立账户存储。

第九章 公司合并、分立、增资、减资

第一百七十二条 公司合并可以采取吸收合并或者新设合并。

一个公司吸收其他公司为吸收合并，被吸收的公司解散。两个以上公司合并设立一个新的公司为新设合并，合并各方解散。

第一百七十三条 公司合并，应当由合并各方签订合并协议，并编制资产负债表及财产清单。公司应当自作出合并决议之日起十日内通知债权人，并于三十日内在报纸上公告。债权人自接到通知书之日起三十日内，未接到通知书的自公告之日起四十五日内，可以要求公司清偿债务或者提供相应的担保。

第一百七十四条 公司合并时，合并各方的债权、债务，应当由合并后存续的公司或者新设的公司承继。

第一百七十五条 公司分立，其财产作相应的分割。

公司分立，应当编制资产负债表及财产清单。公司应当自作出分立决议之日起十日内通知债权人，并于三十日内在报纸上公告。

第一百七十六条 公司分立前的债务由分立后的公司承担连带责任。但是，公司在分立前与债权人就债务清偿达成的书面协议另有约定的除外。

第一百七十七条 公司需要减少注册资本时，必须编制资产负债表及财产清单。

公司应当自作出减少注册资本决议之日起十日内通知债权人，并于三十日内在报纸上公告。债权人自接到通知书之日起三十日内，未接到通知书的自公告之日起四十五日内，有权要求公司清偿债务或者提供相应的担保。

第一百七十八条 有限责任公司增加注册资本时，股东认缴新增资本的出资，依照本法设立有限责任公司缴纳出资的有关规定执行。

股份有限公司为增加注册资本发行新股时，股东认购新股，依照本法设立股份有限公司缴纳股款的有关规定执行。

第一百七十九条 公司合并或者分立，登记事项发生变更的，应当依法向公司登记机关办理变更登记；公司解散的，应当依法办理公司注销登记；设立新公司的，应当依法办理公司设立登记。

公司增加或者减少注册资本，应当依法向公司登记机关办理变更登记。

第十章 公司解散和清算

第一百八十条 公司因下列原因解散：

（一）公司章程规定的营业期限届满或者公司章程规定的其他解散事由出现；

（二）股东会或者股东大会决议解散；

（三）因公司合并或者分立需要解散；

（四）依法被吊销营业执照、责令关闭或者被撤销；

（五）人民法院依照本法第一百八十二条的规定予以解散。

第一百八十一条 公司有本法第一百八十条第（一）项情形的，可以通过修改公司章程而存续。

依照前款规定修改公司章程，有限责任公司须经持有三分之二以上表决权的股东通过，股份有限公司须经出席股东大会会议的股东所持表决权的三分之二以上通过。

第一百八十二条 公司经营管理发生严重困难，继续存续会使股东利益受到重大损失，通过其他途径不能解决的，持有公司全部股东表决权百分之十以上的股东，可以请求人民法院解散公司。

第一百八十三条 公司因本法第一百八十条第（一）项、第（二）项、第（四）项、第（五）项规定而解散的，应当在解散事由出现之日起十五日内成立清算组，开始清算。有限责任公司的清算组由股东组成，股份有限公司的清算组由董事或者股东大会确定的人员组成。逾期不成立清算组进行清算的，债权人可以申请人民法院指定有关人员组成清算组进行清算。人民法院应当受理该申请，并及时组织清算组进行清算。

第一百八十四条 清算组在清算期间行使下列职权：

（一）清理公司财产，分别编制资产负债表和财产清单；

（二）通知、公告债权人；

（三）处理与清算有关的公司未了结的业务；

（四）清缴所欠税款以及清算过程中产生的税款；

（五）清理债权、债务；

（六）处理公司清偿债务后的剩余财产；

（七）代表公司参与民事诉讼活动。

第一百八十五条 清算组应当自成立之日起十日内通知债权人，并于六十日内在报纸上公告。债权人应当自接到通知书之日起三十日内，未接到通知书的自公告之日起四十五日内，向清算组申报其债权。

债权人申报债权，应当说明债权的有关事项，并提供证明材料。清算组应当对债权进行登记。

在申报债权期间，清算组不得对债权人进行清偿。

第一百八十六条 清算组在清理公司财产、编制资产负债表和财产清单后，应当制定清算方案，并报股东会、股东大会或者人民法院确认。

公司财产在分别支付清算费用、职工的工资、社会保险费用和法定补偿金，缴纳所欠税款，清偿公司债务后的剩余财产，有限责任公司按照股东的出资比例分配，股份有限公司按照股东持有的股份比例分配。

清算期间，公司存续，但不得开展与清算无关的经营活动。公司财产在未依照前款规定清偿前，不得分配给股东。

第一百八十七条 清算组在清理公司财产、编制资产负债表和财产清单后，发现公司财产不足清偿债务的，应当依法向人民法院申请宣告破产。

公司经人民法院裁定宣告破产后，清算组应当将清算事务移交给人民法院。

第一百八十八条 公司清算结束后，清算组应当制作清算报告，报股东会、股东大会或者人民法院确认，并报送公司登记机关，申请注销公司登记，公告公司终止。

第一百八十九条 清算组成员应当忠于职守，依法履行清算义务。

清算组成员不得利用职权收受贿赂或者其他非法收入，不得侵占公司财产。

清算组成员因故意或者重大过失给公司或者债权人造成损失的，应当承担赔偿责任。

第一百九十条 公司被依法宣告破产的，依照有关企业破产的法律实施破产清算。

第十一章 外国公司的分支机构

第一百九十一条 本法所称外国公司是指依照外国法律在中国境外设立的公司。

第一百九十二条 外国公司在中国境内设立分支机构，必须向中国主管机关提出申请，并提交其公司章程、所属国的公司登记证书等有关文件，经批准后，向公司登记机关依法办理登记，领取营业执照。

外国公司分支机构的审批办法由国务院另行规定。

第一百九十三条 外国公司在中国境内设立分支机构，必须在中国境内指定负责该分支机构的代表人或者代理人，并向该分支机构拨付与其所从事的经营活动相适应的资金。

对外国公司分支机构的经营资金需要规定最低限额的，由国务院另行规定。

第一百九十四条 外国公司的分支机构应当在其名称中标明该外国公司的国籍及责任形式。

外国公司的分支机构应当在本机构中置备该外国公司章程。

第一百九十五条 外国公司在中国境内设立的分支机构不具有中国法人资格。

外国公司对其分支机构在中国境内进行经营活动承担民事责任。

第一百九十六条 经批准设立的外国公司分支机构，在中国境内从事业务活动，必须遵守中国的法律，不得损害中国的社会公共利益，其合法权益受中国法律保护。

第一百九十七条 外国公司撤销其在中国境内的分支机构时，必须依法清偿债务，依照本法有关公司清算程序的规定进行清算。未清偿债务之前，不得将其分支机构的财产移至中国境外。

第十二章 法律责任

第一百九十八条 违反本法规定，虚报注册资本、提交虚假材料或者采取其他欺诈手段隐瞒重要事实取得公司登记的，由公司登记机关责令改正，对虚报注册资本的公司，处以虚报注册资本金额百分之五以上百分之十五以下的罚款；对提交虚假材料或者采取其他欺诈手段隐瞒重要事实的公司，处以五万元以上五十万元以下的罚款；情节严重的，撤销公司登记或者吊销营业执照。

第一百九十九条 公司的发起人、股东虚假出资，未交付或者未按期交付作为出资的货币或者非货币财产的，由公司登记机关责令改正，处以虚假出资金额百分之五以上百分之十五以下的罚款。

第二百条 公司的发起人、股东在公司成立后，抽逃其出资的，由公司登记机关责令改正，处以所抽逃出资金额百分之五以上百分之十五以下的罚款。

第二百零一条 公司违反本法规定，在法定的会计账簿以外另立会计账簿的，由县级以上人民政府财政部门责令改正，处以五万元以上五十万元以下的罚款。

第二百零二条 公司在依法向有关主管部门提供的财务会计报告等材料上作虚假记载或者隐瞒重要事实的，由有关主管部门对直接负责的主管人员和其他直接责任人员处以三万元以上三十万元以下的罚款。

第二百零三条 公司不依照本法规定提取法定公积金的，由县级以上人民政府财政部门责令如数补足应当提取的金额，可以对公司处以二十万元以下的罚款。

第二百零四条 公司在合并、分立、减少注册资本或者进行清算时，不依照本法规定通知或者公告债权人的，由公司登记机关责令改正，对公司处以一万元以上十万元以下的罚款。

公司在进行清算时，隐匿财产，对资产负债表或者财产清单作虚假记载或者在未清偿债务前分配公司财产的，由公司登记机关责令改正，对公司处以隐匿财产或者未清偿债务前分配公司财产金额百分之五以上百分之十以下的罚款；对直接负责的主管人员和其他直接责任人员处以一万元以上十万元以下的罚款。

第二百零五条 公司在清算期间开展与清算无关的经营活动的，由公司登记机关予以警告，没收违法所得。

第二百零六条 清算组不依照本法规定向公司登记机关报送清算报告，或者报送清算报告隐瞒重要事实或者有重大遗漏的，由公司登记机关责令改正。

清算组成员利用职权徇私舞弊、谋取非法收入或者侵占公司财产的，由公司登记机关责令退还公司财产，没收违法所得，并可以处以违法所得一倍以上五倍以下的罚款。

第二百零七条 承担资产评估、验资或者验证的机构提供虚假材料的，由公司登记机关没收违法所得，处以违法所得一倍以上五倍以下的罚款，并可以由有关主管部门依法责令该机构停业、吊销直接责任人员的资格证书，吊销营业执照。

承担资产评估、验资或者验证的机构因过失提供有重大遗漏的报告的，由公司登记机关责令改正，情节较重的，处以所得收入一倍以上五倍以下的罚款，并可以由有关主管部门依法责令该机构停业、吊销直接责任人员的资格证书，吊销营业执照。

承担资产评估、验资或者验证的机构因其出具的评估结果、验资或者验证证明不实，给公司债权人造成损失的，除能够证明自己没有过错的外，在其评估或者证明不实的金额范围内承担赔偿责任。

第二百零八条 公司登记机关对不符合本法规定条件的登记申请予以登记，或者对符合本法规定条件的登记申请不予登记的，对直接负责的主管人员和其他直接责任人员，依法给予行政处分。

第二百零九条 公司登记机关的上级部门强令公司登记机关对不符合本法规定条件的登记申请予以登记，或者对符合本法规定条件的登记申请不予登记的，或者对违法登记进行包庇的，对直接负责的主管人员和其他直接责任人员依法给予行政处分。

第二百一十条 未依法登记为有限责任公司或者股份有限公司，而冒用有限责任公司或者股份有限公司名义的，或者未依法登记为有限责任公司或者股份有限公司的分公司，而冒用有限责任公司或者股份有限公司的分公司名义的，由公司登记机关责令改正或者予以取缔，可以并处十万元以下的罚款。

第二百一十一条 公司成立后无正当理由超过六个月未开业的，或者开业后自行停业连续六个月以上的，可以由公司登记机关吊销营业执照。

公司登记事项发生变更时，未依照本法规定办理有关变更登记的，由公司登记机关责令限期登记；逾期不登记的，处以一万元以上十万元以下的罚款。

第二百一十二条 外国公司违反本法规定，擅自在中国境内设立分支机构的，由公司登记机关责令改正或者关闭，可以并处五万元以上二十万元以下的罚款。

第二百一十三条 利用公司名义从事危害国家安全、社会公共利益的严重违法行为的，吊销营业执照。

第二百一十四条 公司违反本法规定，应当承担民事赔偿责任和缴纳罚款、罚金的，其财产不足以支付时，先承担民事赔偿责任。

第二百一十五条 违反本法规定，构成犯罪的，依法追究刑事责任。

第十三章 附则

第二百一十六条 本法下列用语的含义：

（一）高级管理人员，是指公司的经理、副经理、财务负责人，上市公司董事会秘书和公司章程规定的其他人员。

（二）控股股东，是指其出资额占有限责任公司资本总额百分之五十以上或者其持有的股份占股份有限公司股本总额百分之五十以上的股东；出资额或者持有股份的比例虽然不足百分之五十，但依其出资额或者持有的股份所享有的表决权已足以对股东会、股东大会的决议产生重大影响的股东。

（三）实际控制人，是指虽不是公司的股东，但通过投资关系、协议或者其他安排，能够实际支配公司行为的人。

（四）关联关系，是指公司控股股东、实际控制人、董事、监事、高级管理人员与其直接或者间接控制的企业之间的关系，以及可能导致公司利益转移的其他关系。但是，国家控股的企业之间不仅因为同受国家控股而具有关联关系。

第二百一十七条 外商投资的有限责任公司和股份有限公司适用本法；有关外商投资的法律另有规定的，适用其规定。

第二百一十八条 本法自 2006 年 1 月 1 日起施行。

附录 B　最高人民法院关于适用《中华人民共和国公司法》若干问题的规定（一）

（2006 年 3 月 27 日最高人民法院审判委员会第 1382 次会议通过，根据 2014 年 2 月 17 日最高人民法院审判委员会第 1607 次会议《关于修改关于适用〈中华人民共和国公司法〉若干问题的规定的决定》修正）2014 年 2 月 20 日发布

为正确适用 2005 年 10 月 27 日十届全国人大常委会第十八次会议修订的《中华人民共和国公司法》，对人民法院在审理相关的民事纠纷案件中，具体适用公司法的有关问题规定如下：

第一条　公司法实施后，人民法院尚未审结的和新受理的民事案件，其民事行为或事件发生在公司法实施以前的，适用当时的法律法规和司法解释。

第二条　因公司法实施前有关民事行为或者事件发生纠纷起诉到人民法院的，如当时的法律法规和司法解释没有明确规定时，可参照适用公司法的有关规定。

第三条　原告以公司法第二十二条第二款、第七十四条第二款规定事由，向人民法院提起诉讼时，超过公司法规定期限的，人民法院不予受理。

第四条　公司法第一百五十一条规定的 180 日以上连续持股期间，应为股东向人民法院提起诉讼时，已期满的持股时间；规定的合计持有公司百分之一以上股份，是指两个以上股东持股份额的合计。

第五条　人民法院对公司法实施前已经终审的案件依法进行再审时，不适用公司法的规定。

第六条　本规定自公布之日起实施。

附录C 最高人民法院关于适用《中华人民共和国公司法》若干问题的规定（二）

（2008年5月5日最高人民法院审判委员会第1447次会议通过，根据2014年2月17日最高人民法院审判委员会第1607次会议通过的《最高人民法院关于修改〈关于适用《中华人民共和国公司法》若干问题的规定〉的决定》第一次修正，根据2020年12月23日最高人民法院审判委员会第1823次会议通过的《最高人民法院关于修改〈最高人民法院关于破产企业国有划拨土地使用权应否列入破产财产等问题的批复〉等二十九件商事类司法解释的决定》第二次修正）

为正确适用《中华人民共和国公司法》，结合审判实践，就人民法院审理公司解散和清算案件适用法律问题作出如下规定。

第一条 单独或者合计持有公司全部股东表决权百分之十以上的股东，以下列事由之一提起解散公司诉讼，并符合公司法第一百八十二条规定的，人民法院应予受理：

（一）公司持续两年以上无法召开股东会或者股东大会，公司经营管理发生严重困难的；

（二）股东表决时无法达到法定或者公司章程规定的比例，持续两年以上不能做出有效的股东会或者股东大会决议，公司经营管理发生严重困难的；

（三）公司董事长期冲突，且无法通过股东会或者股东大会解决，公司经营管理发生严重困难的；

（四）经营管理发生其他严重困难，公司继续存续会使股东利益受到重大损失的情形。

股东以知情权、利润分配请求权等权益受到损害，或者公司亏损、财产不足以偿还全部债务，以及公司被吊销企业法人营业执照未进行清算等为由，提起解散公司诉讼的，人民法院不予受理。

第二条　股东提起解散公司诉讼，同时又申请人民法院对公司进行清算的，人民法院对其提出的清算申请不予受理。人民法院可以告知原告，在人民法院判决解散公司后，依据民法典第七十条、公司法第一百八十三条和本规定第七条的规定，自行组织清算或者另行申请人民法院对公司进行清算。

第三条　股东提起解散公司诉讼时，向人民法院申请财产保全或者证据保全的，在股东提供担保且不影响公司正常经营的情形下，人民法院可予以保全。

第四条　股东提起解散公司诉讼应当以公司为被告。

原告以其他股东为被告一并提起诉讼的，人民法院应当告知原告将其他股东变更为第三人；原告坚持不予变更的，人民法院应当驳回原告对其他股东的起诉。

原告提起解散公司诉讼应当告知其他股东，或者由人民法院通知其参加诉讼。其他股东或者有关利害关系人申请以共同原告或者第三人身份参加诉讼的，人民法院应予准许。

第五条　人民法院审理解散公司诉讼案件，应当注重调解。当事人协商同意由公司或者股东收购股份，或者以减资等方式使公司存续，且不违反法律、行政法规强制性规定的，人民法院应予支持。当事人不能协商一致使公司存续的，人民法院应当及时判决。

经人民法院调解公司收购原告股份的，公司应当自调解书生效之日起六个月内将股份转让或者注销。股份转让或者注销之前，原告不得以公司收购其股份为由对抗公司债权人。

第六条　人民法院关于解散公司诉讼作出的判决，对公司全体股东具有法律约束力。

人民法院判决驳回解散公司诉讼请求后，提起该诉讼的股东或者其他股东又以同一事实和理由提起解散公司诉讼的，人民法院不予受理。

第七条 公司应当依照民法典第七十条、公司法第一百八十三条的规定，在解散事由出现之日起十五日内成立清算组，开始自行清算。

有下列情形之一，债权人、公司股东、董事或其他利害关系人申请人民法院指定清算组进行清算的，人民法院应予受理：

（一）公司解散逾期不成立清算组进行清算的；

（二）虽然成立清算组但故意拖延清算的；

（三）违法清算可能严重损害债权人或者股东利益的。

第八条 人民法院受理公司清算案件，应当及时指定有关人员组成清算组。

清算组成员可以从下列人员或者机构中产生：

（一）公司股东、董事、监事、高级管理人员；

（二）依法设立的律师事务所、会计师事务所、破产清算事务所等社会中介机构；

（三）依法设立的律师事务所、会计师事务所、破产清算事务所等社会中介机构中具备相关专业知识并取得执业资格的人员。

第九条 人民法院指定的清算组成员有下列情形之一的，人民法院可以根据债权人、公司股东、董事或其他利害关系人的申请，或者依职权更换清算组成员：

（一）有违反法律或者行政法规的行为；

（二）丧失执业能力或者民事行为能力；

（三）有严重损害公司或者债权人利益的行为。

第十条 公司依法清算结束并办理注销登记前，有关公司的民事诉讼，应当以公司的名义进行。

公司成立清算组的，由清算组负责人代表公司参加诉讼；尚未成立清算组的，由原法定代表人代表公司参加诉讼。

第十一条 公司清算时，清算组应当按照公司法第一百八十五条的规定，将公司解散清算事宜书面通知全体已知债权人，并根据公司规模和营业地域范围在全国或者公司注册登记地省级有影响的报纸上进行公告。

清算组未按照前款规定履行通知和公告义务，导致债权人未及时申报债权而未获清偿，债权人主张清算组成员对因此造成的损失承担赔偿责任的，人民法院应依法予以支持。

第十二条 公司清算时，债权人对清算组核定的债权有异议的，可以要求清算组重新核定。清算组不予重新核定，或者债权人对重新核定的债权仍有异议，债权人以公司为被告向人民法院提起诉讼请求确认的，人民法院应予受理。

第十三条 债权人在规定的期限内未申报债权，在公司清算程序终结前补充申报的，清算组应予登记。

公司清算程序终结，是指清算报告经股东会、股东大会或者人民法院确认完毕。

第十四条 债权人补充申报的债权，可以在公司尚未分配财产中依法清偿。公司尚未分配财产不能全额清偿，债权人主张股东以其在剩余财产分配中已经取得的财产予以清偿的，人民法院应予支持；但债权人因重大过错未在规定期限内申报债权的除外。

债权人或者清算组，以公司尚未分配财产和股东在剩余财产分配中已经取得的财产，不能全额清偿补充申报的债权为由，向人民法院提出破产清算申请的，人民法院不予受理。

第十五条 公司自行清算的，清算方案应当报股东会或者股东大会决议确认；人民法院组织清算的，清算方案应当报人民法院确认。未经确认的清算方案，清算组不得执行。

执行未经确认的清算方案给公司或者债权人造成损失，公司、股东、董事、公司其他利害关系人或者债权人主张清算组成员承担赔偿责任的，人民法院应依法予以支持。

第十六条 人民法院组织清算的，清算组应当自成立之日起六个月内清算完毕。

因特殊情况无法在六个月内完成清算的，清算组应当向人民法院申请延长。

第十七条 人民法院指定的清算组在清理公司财产、编制资产负债表和财产清单时，发现公司财产不足清偿债务的，可以与债权人协商制作有关债务清偿方案。

债务清偿方案经全体债权人确认且不损害其他利害关系人利益的，人民法院可依清算组的申请裁定予以认可。清算组依据该清偿方案清偿债务后，应当向人民法院申请裁定终结清算程序。

债权人对债务清偿方案不予确认或者人民法院不予认可的，清算组应当依法向人民法院申请宣告破产。

第十八条 有限责任公司的股东、股份有限公司的董事和控股股东未在法定期限内成立清算组开始清算，导致公司财产贬值、流失、毁损或者灭失，债权人主张其在造成损失范围内对公司债务承担赔偿责任的，人民法院应依法予以支持。

有限责任公司的股东、股份有限公司的董事和控股股东因怠于履行义务，导致公司主要财产、账册、重要文件等灭失，无法进行清算，债权人主张其对公司债务承担连带清偿责任的，人民法院应依法予以支持。

上述情形系实际控制人原因造成，债权人主张实际控制人对公司债务承担相应民事责任的，人民法院应依法予以支持。

第十九条 有限责任公司的股东、股份有限公司的董事和控股股东，以及公司的实际控制人在公司解散后，恶意处置公司财产给债权人造成损失，或者未经依法清算，以虚假的清算报告骗取公司登记机关办理法人注销登记，债权人主张其对公司债务承担相应赔偿责任的，人民法院应依法予以支持。

第二十条 公司解散应当在依法清算完毕后，申请办理注销登记。公司未经清算即办理注销登记，导致公司无法进行清算，债权人主张有限责任公司的股东、股份有限公司的董事和控股股东，以及公司的实际控制人对公司债务承担清偿责任的，人民法院应依法予以支持。

公司未经依法清算即办理注销登记，股东或者第三人在公司登记机关办理注销登记时承诺对公司债务承担责任，债权人主张其对公司债务承担相应民事责任的，人民法院应依法予以支持。

第二十一条 按照本规定第十八条和第二十条第一款的规定应当承担责任的有限责任公司的股东、股份有限公司的董事和控股股东，以及公司的实际控制人为二人以上的，其中一人或者数人依法承担民事责任后，主张其他人员按照过错大小分担责任的，人民法院应依法予以支持。

第二十二条 公司解散时，股东尚未缴纳的出资均应作为清算财产。股东尚未缴纳的出资，包括到期应缴未缴的出资，以及依照公司法第二十六条和第八十条的规定分期缴纳尚未届满缴纳期限的出资。

公司财产不足以清偿债务时，债权人主张未缴出资股东，以及公司设立时的其他股东或者发起人在未缴出资范围内对公司债务承担连带清偿责任的，人民法院应依法予以支持。

第二十三条 清算组成员从事清算事务时，违反法律、行政法规或者公司章程给公司或者债权人造成损失，公司或者债权人主张其承担赔偿责任的，人民法院应依法予以支持。

有限责任公司的股东、股份有限公司连续一百八十日以上单独或者合计持有公司百分之一以上股份的股东，依据公司法第一百五十一条第三款的规定，以清算组成员有前款所述行为为由向人民法院提起诉讼的，人民法院应予受理。

公司已经清算完毕注销，上述股东参照公司法第一百五十一条第三款的规定，直接以清算组成员为被告、其他股东为第三人向人民法院提起诉讼的，人民法院应予受理。

第二十四条 解散公司诉讼案件和公司清算案件由公司住所地人民法院管辖。公司住所地是指公司主要办事机构所在地。公司办事机构所在地不明确的，由其注册地人民法院管辖。

基层人民法院管辖县、县级市或者区的公司登记机关核准登记公司的解散诉讼案件和公司清算案件；中级人民法院管辖地区、地级市以上的公司登记机关核准登记公司的解散诉讼案件和公司清算案件。